ALTERNATIV HEILEN

Herausgegeben von Gerhard Riemann

Robert Masters ist Doktor der Philosophie und leitet seit 1965 die Foundation for Mind Research. Zusammen mit seiner Frau, Jean Houston, hat er mehrere Bücher veröffentlicht, u. a. »Bewußtseinserweiterung über Körper und Geist« (1987) und »Phantasie-Reisen« (1989).

Dieses Buch wurde auf chlor- und säurefreiem Papier gedruckt.

Deutsche Erstausgabe Januar 1996

Titel der Originalausgabe »Neurospeak«

Originalverlag Theosophical Publishing House, Wheaton
Umschlaggestaltung: Susannah zu Knyphausen, München
Satz: Ventura Publisher im Verlag
Druck und Bindung: Ebner Ulm
Printed in Germany
ISBN 3-426-76121-1

5 4 3 2 1

Robert Masters

Neurosprache

Eine revolutionäre Technik der Körper-Seele-Erfahrung

Aus dem Amerikanischen
von Malte Heim

Knaur®

Dem Andenken an William Leslie Leeper, meinen Großvater, gewidmet. In meiner Erinnerung war er der fehlerloseste und von der bedingungslosesten Liebe erfüllte Mensch, den ich jemals traf. Ihm verdanke ich es, daß ich meinem innersten Wesen treu bleiben konnte.

Inhalt

Danksagung

Neurosprache tritt dort in Erscheinung, wo wir es mit psychophysischer Umerziehung und einigen anderen Kommunikationsformen zu tun haben, die tiefere Ebenen der Persönlichkeit ansprechen, als sich mittels der Sprache, wie sie gewöhnlich angewendet wird, erreichen läßt. Psychophysische Umerziehung und solche subkortikalen Sprachformen stellen natürliche Verbündete dar und gehören zusammen. Sie erweitern und bereichern einander. Ich möchte folgenden Pionieren danken, die geholfen haben, diese Allianz herzustellen. Jeder von ihnen leistete seinen eigenen, überragenden und originalen Beitrag und machte mich mit menschlichen Interaktionen vertraut, die wichtig und bereichernd waren:

Wilfried Barlow
Milton H. Erickson
Moshe Feldenkrais
Thomas Hanna

Aufgrund der Arbeiten dieser Männer besitzen wir nicht nur eine neue Version von den Fähigkeiten des Menschen, sondern verfügen auch über neuartige und wirksame Methoden, sie zugänglich zu machen.

Vorwort
Von Marilyn Ferguson

Paramahansa Yogananda, der Gründer der Self-Realization Fellowship, erzählt in seiner *Autobiographie eines Yogi* eine Geschichte über seinen Lehrer Sri Yukteswar.
Yukteswar war in seiner Jugend einmal sehr krank gewesen und hatte stark abgenommen. Im Verlauf seiner Genesung besuchte er Lahiri Mahasaya, seinen Guru, und erklärte ihm die Ursache seiner schwächlichen Gesundheit. Nachdem er die Erklärung vernommen hatte, sagte Lahiri Mahasaya: »Also hast du dich selbst krank gemacht und glaubst jetzt, daß du dünn bist. Aber ich bin sicher, daß es dir morgen bessergeht.«
Am folgenden Tag dankte Yukteswar seinem Lehrer überschwenglich. Er sagte: »Meister, dank Eurem Segen fühle ich mich heute viel besser.«
Lahiri Mahasaya erwiderte: »Deine Krankheit war in der Tat bedenklich, und du bist noch immer geschwächt. Wer weiß, wie du dich morgen fühlen wirst?«
Tatsächlich ging es Yukteswar am Tag darauf wieder schlecht, und Lahiri Mahasaya sagte: »So, du hast dich also wieder krank gemacht.«
Yukteswars Befinden schwankte mehrere Tage lang genau entsprechend den Aussagen Lahiri Mahasayas, und endlich begriff er die Lektion, die sein Guru ihm beizubringen versuchte.
»Was ist das?« sagte Lahiri Mahasaya. »An einem Tag sagst

du zu mir: ›Es geht mir gut‹, und am nächsten Tag sagst du: ›Ich bin krank‹. Es ist nicht so, daß ich dich geheilt oder krank gemacht hätte. Es sind deine Gedanken, die dich abwechselnd schwach und stark gemacht haben.«
Yukteswar fragte: »Wenn ich denke, daß es mit gutgeht und daß ich mein früheres Gewicht wiedererlangt habe – wird es dann so sein?« Lahiri Mahasaya erwiderte: »So ist es.« In diesem Augenblick fühlte Yukteswar seine Kraft und sein Gewicht wiederkehren.
Yogananda faßte die Lektion wie folgt zusammen: *»Der Gedanke ist die Matrix aller Schöpfung ... «* Viele Philosophen und Lehrer in der Geschichte haben dies erkannt. Die Macht des Gedankens, körperliche Wirkungen hervorzurufen, gehört zum Kern vieler spiritueller Lehren. Sie ist die Grundlage der Hypnose und einer Vielzahl von Heilmethoden. »Wie der Mensch denkt, so ist er.« »Gedanken sind Dinge.«
Die wissenschaftliche Forschung bestätigt dies. Unsere Gehirne und unsere Körper werden nicht nur von Licht und Dunkelheit, Temperatur und Feuchtigkeit, von Tageszeiten und vom Blutzuckerspiegel, sondern auch von kulturellen Glaubensvorstellungen, von Wochenendschwermut, Gebeten und Erwartungen beeinflußt. Unsere Wahrnehmungen stellen biochemische Ereignisse dar und haben biochemische Folgen. Einige Erkenntnisse von Forschern sind bemerkenswert. Bei älteren Männern, die an einer Harvard-Studie teilnahmen, zeigte sich nach einer dreitägigen Selbstversenkung, in der sie sich vorstellten, sie seien 20 Jahre jünger, eine Umkehr bestimmter Anzeichen des Alterns.
Unser Gehirn reagiert geradezu buchstäblich auf Bilder.

Vorgestellte Ereignisse haben körperliche Folgen. Wenn Sie sich ein hartes Körpertraining vorstellen, beginnt Ihr Herz zu rasen. Experimente haben gezeigt, daß unsere innere Sicht denselben optischen Täuschungen wie die äußere unterliegt. Emotionen und Einstellungen können einen Menschen für bestimmte Krankheiten anfällig machen. Es ist gut belegt, daß bestimmte emotionale Profile wahrscheinlicher als andere zu Krebs oder zu Herzerkrankungen führen. Während Krebspatienten im allgemeinen oft ungewöhnlich nachgiebig sind, neigen Frauen mit Halskrebs zu größerer Feindseligkeit. Und bei den Männern zeigte sich, daß Feindseligkeit, und nicht harte Arbeit, schuld an Herzkrankheiten ist.

Von *The Future of the Body*, Michael Murphys Kompendium körperlicher Transformationen, inspiriert, waren Teilnehmer an einem zwei Jahre dauernden Experimentalprogramm in Esalen (1992, 1993) fähig, sich körperliche Veränderungen – zum Beispiel eine Größenzunahme – als Ziel vorzustellen und zu affirmieren – mit meßbaren Ergebnissen.

Neurosprache demokratisiert den Prozeß. Dieses in hohem Maße neuartige Buch läßt uns begreifen, daß uns bisher vieles entgangen ist. Wir werden uns jenes geheimnisvollen Wesens bewußt, daß Clyde Ford den »Weisen im Tempel« nennt. Robert Masters hat einen ebenso einfachen wie eleganten Weg entdeckt, zum Geist des Körpers zu sprechen, so daß der Leser von der gewaltigen Intelligenz erfährt, die uns bewegt. Er lehrt uns einen achtungsvollen Ton, eine Methode, sich dem Weisen zu nähern. Dies ist bedeutsam, denn wir besitzen bereits ein instinktives Wissen, daß wir unserem Körper in einer

Krise Befehle geben können (»Du kannst jetzt nicht krank werden!«), aber wir haben bisher nicht gewußt, wie wir mit ihm in einen Dialog eintreten können.
Neurosprache ist wie eine Einladung zum Tanz. Nur wenige Erfahrungen sind unheimlicher, als wenn man für sich persönlich entdeckt, daß der Körper auf irgendeine Weise heftig auf Worte reagiert, seien sie gedruckt oder gesprochen. Durch das Medium der Sprache werden kinästhetische Bilder hervorgerufen. Muskeln reagieren subtil, aber entschieden, wenn sie beschrieben werden. Suggestionen führen zu Bildern, die spontane Reaktionen auslösen.
Neurosprache hat ihren Ursprung in einer Vielzahl früherer Arbeiten. Sie ist das Ergebnis der langen Faszination des Autors für das menschliche Potential und von seinem besonderen Interesse an der Art und Weise, wie unser Körper auf erfundene Szenen in literarischen Werken reagiert. Bob Masters hat seine therapeutischen Methoden im Lauf der Jahre entwickelt und verfeinert und die Zeit gefunden, 25 Bücher zu verfassen, einige davon als Co-Autor. Darunter *The Goddess Sekhmet and the Way of the Fire Bodies, The Varieties of Psychedelic Experience, Mind Games* und *Listening to the Body* (gemeinsam mit seiner Frau, Jean Houston).
Diese Arbeitsleidenschaft wurde in seinen frühesten Jahren durch einen bemerkenswerten Großvater unterstützt, einen Briefträger und Lernbegeisterten. Masters lernte mit drei Jahren lesen, und mit vier Jahren las er im Bibelunterricht für Erwachsene vor. Sein Großvater erzählte ihm nordische, griechische und römische Sagen. Er war ein halber Indianer und gab indianische Lehren

an Bob weiter und brachte ihm Spurenlesen und Jagen mit Pfeil und Bogen bei. Er erzählte ihm von Steinen, Bäumen und Naturgeistern. »Und damit wurde mein Interesse an Mythologie immer größer, und ich las Edgar Allan Poe und Science-fiction und über Schamanismus«, erinnert sich Bob.

Mit 17 Jahren trat er in die Navy ein; ein Akt der Auflehnung gegen seinen Vater, der wollte, daß er nach West Point ging. Als der Zweite Weltkrieg zu Ende war, arbeitete Bob während der Besatzung in Deutschland. Er studierte an der Marburger Universität und lebte dann ein Jahr lang in Paris. Er studierte außerdem am Alexander-Institut in London.

Etwa 1947 wurde sein Interesse an den Ideen Wilhelm Reichs geweckt. Reich hatte mit Sigmund Freud gebrochen, weil er zu der Meinung gelangt war, daß die herkömmlichen Analytiker sich selbst Grenzen setzten. Da Neurosen sich im Körper manifestieren können, wollte Reich mehr über die Art und Weise lernen, wie der Körper mit Traumata umging. Reich glaubte, daß psychische Gesundheit durch eine Neustrukturierung des Körpers erreichbar sei.

Masters fand 1954 heraus, daß sich die Ansprechbarkeit des Körpers für Suggestionen durch Psychedelika dramatisch steigern ließ, und er begann mit einer systematischen Studie mit Peyote, das er sich selbst in wöchentlichen Gaben verabreichte. »Ich hatte mich nebenher mit Jean-Paul Sartre befaßt«, erinnert er sich, »und der Existentialismus hatte mir eine Menge Ideen eingegeben, die ich loswerden wollte. Ich stellte fest, daß die Psychedelika mir sehr halfen, mich zu konzentrieren.«

Er hatte darauf hingearbeitet, Professor der Philosophie zu werden. Nun lebte aber seine Faszination für Literatur wieder auf, und er wollte lieber Lyriker oder Romanautor werden. Er ging nach Texarkana, Texas, wo er eine Zeitung herausgab und Lyrik schrieb. Später arbeitete er für die *Houston Post.*

Sein Zusammentreffen mit Milton Erickson entfachte aufs neue sein früheres Interesse an der Hypnose. Aber er war mehr an einer Steigerung der Sinnesempfindungen als an Therapien interessiert. Er hatte bereits entdeckt, daß der Körper in durch Psychedelika veränderten Zuständen in Sekunden reagieren kann. Die Tatsache, daß willkürliche Reaktionen beeinflußbar waren, gab ihm die Idee ein, daß auch unwillkürliche Reaktionen offene Kanäle aufweisen mochten. Und hier war Erickson, und er tat genau dies: Er rief bei seinen Hypnose-Versuchspersonen experimentelle Blindheit und Taubheit hervor.

Es war bekannt, daß die hypnotische Suggestion einer Verbrennung zu Blasen auf der Haut führen kann. Bei dieser Art »virtueller Realität«, wie Masters es nennt, ist das Gehirn unfähig, zwischen Vorstellungen und der objektiven Realität zu unterscheiden. Er stellte fest, daß bei jemandem, der zum Beispiel seit seinem 14. Lebensjahr gelähmt war, die Lähmung bei einer Regression in sein 13. Lebensjahr manchmal verschwand, sofern die Paralyse nicht durch eine Schädigung des Rückgrats verursacht war.

In dieser Zeit hörte Masters eine Geschichte, die ihn stark beeindruckte. In einem skandinavischen Land war ein Mann versehentlich in den Kühlwagen eines Zuges gesperrt worden. Er wurde tot aufgefunden und wies alle klinischen Symptome eines Todes durch Erfrieren auf – obwohl die Kühlvorrichtung nicht eingeschaltet gewesen war. Seine Vorstellung von Kälte hatte ihn umgebracht. Dieser Bericht illustrierte auf dramatische Weise das klinische Potential der Vorstellungskraft, und es wurde leichter, an andere, durch die Vorstellungskraft induzierte Phänomene zu glauben, wie zum Beispiel das Verschwinden von Tumoren. Das Gehirn läßt sich hintergehen. Und was immer das Gehirn darstellen kann, so sagt Masters heute, wird der Körper ausführen.

Dies ist das simple Geheimnis von Neurosprache. Bewegungen werden auf eine solche Art beschrieben, daß der Geist Bilder erschaffen muß, ob dieser Prozeß bewußt ist oder nicht. Diese Bilder lösen Vorgänge in der motorischen Hirnrinde aus, wo die Muskeltätigkeit initiiert wird. Dann vollzieht sich eine unwillkürliche Reaktion im Skelettmuskelsystem, und das Gehirn ist gezwungen, beispielsweise den Knöchel zu bewegen.

Masters fand heraus, daß bei einer einseitig gelähmten Person die Suggestion der nicht gelähmten Seite eine Erinnerung an kinästhetische Empfindungen auslösen kann. Und wenn dieses Gefühl erinnert wird, überquert es die Brücke zwischen den Hemisphären, so daß die andere Seite sich bewegt – anfangs geringfügig, dann allmählich stärker.

Für Masters ist nach wie vor die Steigerung der Sinnesempfindungen von vorrangiger Bedeutung. Nach Neurosprache-Übungen »fühlt sich der Körper größer und leichter an«, und »die emotionale Stimmung ändert sich; die Lust nimmt zu«.

Masters hat auch eine Reihe von Übungen entwickelt, die

den Alterungsprozeß umkehren. Jeder kann diese Übungen ausführen, sagt er. Sie erfordern kein lebhaftes Vorstellungsvermögen. »Es geht darum, daß Sie die Konzentration aufrechterhalten und nicht zulassen, daß Ihr Geist abschweift. Wenn Sie lernen, die Aussage auszudrücken, wenn Sie die richtigen Bilder verwenden, können Sie an Ihrem Herzen, an Ihrem Kreislauf, an Ihrem Lymphfluß arbeiten. Die Veränderung wird eintreten.«

Die Neurosprache-Phänomene sprechen Bände sowohl über unser schöpferisches Potential als auch über unsere körperlichen Funktionen. Die Welt, die so festgefügt erschien, wird fließender. Und dies erleichtert der allgemeinen Kreativität ihre Arbeit. Es stellt sich uns die Frage: »Wie real ist real?« Die alte Erkenntnis, daß Gedanken Dinge sind, nimmt eine neue Bedeutung an.

Neurosprache paßt in diese zunehmend mythische Zeit, in der die Grenzen zwischen der materiellen und der immateriellen Welt undeutlich geworden sind und alles möglich scheint. Die wissenschaftliche und populärwissenschaftliche Literatur über Nahtod-Erfahrungen verändert rapide unsere Vorstellung vom Tod. Wir scheinen irgendwie interdimensionale Geschöpfe zu sein, geschaffen, uns an den Grenzen zu tummeln. Der Krieg zwischen Materialisten, die sich bemühen, alles auf ein Neuron zu reduzieren, und den Mentalisten, die auf dem Wasser wandeln möchten, wird unbedeutend.

Neurosprache bewegt sich auf diesem feinen Grat des Dialogs, und sie wirft Fragen auf: Wer oder was ist es, der oder das liest oder hört? Wenn der Körper so aufmerksam lauscht, was hört er sonst noch? Was ist mit diesen herabsetzenden Kommentaren über uns selbst, mit den Besorgnissen, die wir ausdrücken, oder der Gewalt, die uns das Fernsehen ins Haus bringt? Sind wir für unsere Vorstellungen verantwortlich?

Die Worte von Robert Masters hallen wider: *Was immer das Gehirn darstellen kann, wird der Körper ausführen.* Eine Warnung. Ein Versprechen. Wenn wir uns selbst und unsere Gesellschaft wandeln wollen, ist dies die Verwandlung, die wir brauchen. Die Veränderung wird eintreten, sagt er. Lassen Sie die Veränderung auf diesen Seiten beginnen.

1 Was ist Neurosprache?

Wir machen kaum jemals wirklich einzigartige Erfahrungen. Aber dieses kleine Buch wird seinen Lesern ganz sicher Erfahrungen verschaffen, die einzigartig sind. Die Einzigartigkeit kann, muß aber nicht das Ergebnis eines jeden Kapitels oder des ganzen Buches sein, sondern sie liegt in der Tatsache, daß sich bedeutsame körperliche Veränderungen in Reaktion auf beinahe jeden Abschnitt vollziehen, in manchen Fällen auf jeden Satz.

Am Schluß eines Kapitels oder einer Übung könnte der Leser Veränderungen wie die folgende entdecken: daß ein Fuß oder eine Hand sich leichter als der oder die andere bewegen läßt und deutlicher wahrgenommen wird; daß der Körper auf irgendeine Weise leichter oder größer oder aufrechter geworden ist; daß veränderte Bewußtseinszustände erfahren wurden, die zu einer veränderten visuellen oder anderen Wahrnehmung der Umwelt führten; und daß von einer Übung zur nächsten eine Vielzahl unterschiedlicher Veränderungen stattgefunden hat.

Der Leser mag solche Körper- oder Bewußtseinsveränderungen schon zuvor erfahren haben oder auch nicht. Wie auch immer: es ist äußerst unwahrscheinlich, daß er solche Erfahrungen wiederholt und auf nachvollziehbare und vorhersagbare Weise dadurch machte, daß er einfach ein Buch las. Ich spreche nicht einfach von Dingen wie den Gefühlsreaktionen, die man sehr häufig erlebt, wenn man einen guten Roman liest. Ich spreche vielmehr von einem komplexen Vorgang, bei dem Wörter derart Eingang in das Zentralnervensystem des Lesers finden, daß sich sehr spezifische und vorhersagbare Änderungen im System der Skelettmuskulatur vollziehen, zum Beispiel die Verlängerung bestimmter Muskeln, wodurch eine leichtere Bewegung bestimmter Gelenke ermöglicht wird. In bezug auf die Einführung und Nutzanwendung veränderter Bewußtseinszustände in diesem Buch erinnert dasjenige, was der Leser erfährt, weit weniger an die bekannten Reaktionen auf literarische Stimuli als an Erfahrungen, wie man sie in Trancezuständen macht. Die Reaktion auf Romanschilderungen führt zum Beispiel in den meisten Fällen nicht zu einer Selbstregulierung der Hirnwellen, und sie bewirkt auch nicht, daß sich verschiedene Sinne integrieren, um eine Möglichkeit zur Reinigung der Pforten der Wahrnehmung zu schaffen.

Wenn Neurosprache ihre Wirkungen hervorrufen soll, kann man dieses Buch nicht wie andere Bücher lesen – mit der bewußten oder unbewußten Absicht, seinen Inhalt mental aufzunehmen. Die meisten Bücher wurden geschrieben, um dem Verstand Nahrung zu geben, einige wenige Bücher bieten Nahrung für den Geist, für das Spirituelle. Neurosprache hingegen bietet Nahrung für den Körper. Damit der Körper diese Nahrung so vollständig wie möglich nutzen kann, sollte der Verstand sie nicht, wie gewohnt, genießen, sondern der Leser sollte sich vornehmen, das Gelesene einfach auf dem Weg in den Körper *den Verstand passieren zu lassen.* Die Passivität des Verstandes bedeutet zum Beispiel, daß er keinerlei

Anstrengungen unternimmt, das Gelesene intellektuell zu verstehen oder im Gedächtnis zu behalten.
Die Aufgabe des Verstandes besteht vielmehr darin, daß er sich intensiv auf das Gelesene konzentriert, aber einzig und allein mit der Absicht, eine Art Leinwand für den Körper darzustellen, auf den die Botschaft – der Text des Buches – projiziert wird. Der Verstand darf nicht umherschweifen, sondern muß sich voll und ganz der Aufgabe widmen, eine solche Leinwand zu sein. Ebenso wie eine Leinwand nicht die Wörter oder Bilder behält, die auf sie projiziert werden, besteht auch für den Verstand kein Grund, etwas von dem Gelesenen zu behalten. Die Botschaft ist nur für den Körper bestimmt. Ihr unmittelbarer Empfänger ist natürlich das Gehirn, und dann schließen sich, in rascher Folge, das Rückenmark, die Nervenverbindungen zu den Muskeln und schließlich die Muskeln selbst an, so daß sie im Sinne der Botschaft auf das Skelett einwirken. Weitere Instruktionen im Hinblick auf die Art und Weise, wie der Neurosprache-Text zu lesen ist, finden Sie in Kapitel 3.
Wenn der Text konzentriert und bewußt gelesen wird und wenn die Konzentration vollständig genug ist, ereignen sich bestimmte Phänomene, die den soeben beschriebenen Kommunikationsprozeß unterstützen. Diese Phänomene sind weitgehend unbewußt – sie ereignen sich knapp unterhalb der Bewußtseinsschwelle –, obwohl nicht ausgeschlossen werden kann, daß sie manchmal die dünne Barriere, die sie unbewußt bleiben läßt, durchbrechen und somit schwach, aber immerhin wahrnehmbar, ins Bewußtsein Einzug halten. Der Grund dafür, daß diese Phänomene – vorwiegend Mikrobewegungen in

den Muskeln – unbewußt sind, ist einfach derjenige, daß sie so geringfügig sind. Man kann sie nicht mit den Phänomenen vergleichen, die man zum Beispiel bei einigen hypnotischen Praktiken absichtlich hervorruft, um Effekte im oder aus dem Unbewußten heraus zu erzielen. Es wurde bereits deutlich betont, daß der bewußte Verstand so wenig wie möglich am Neurosprache-Prozeß beteiligt sein soll. Auf keinen Fall soll das, was im Text beschrieben wird, willkürlich vom bewußten Verstand ausgeführt werden. Der Text könnte zum Beispiel darlegen, daß sich eine Schulter nach oben, nach vorn, nach unten oder nach hinten bewegen kann und daß deshalb das Schultergelenk kreist. Dieser Hinweis auf mögliche Schulterbewegungen stellt ganz und gar keine Anweisung an den Leser dar, diese Bewegungen bewußt und willkürlich auszuführen. Ganz im Gegenteil: Der Verstand soll so passiv wie möglich bleiben. Er soll *nichts* willkürlich ausführen und auf keinen Fall körperliche Bewegungen initiieren. Je passiver der Verstand ist, desto besser kann das autonome Nervensystem seine eigenen, vergleichsweise unverfälschten Reaktionen auf den Text ausführen.

Was aber geschieht, wenn der Verstand des Lesers es zuläßt, daß diese Wörter, die Schulterbewegungen beschreiben, *durch ihn hindurch gehen?* Das Gehirn antwortet auf diese Wörter, in dem es unwillkürlich Bilder erzeugt, die wiedergeben, was auch immer diese Wörter beschreiben. Dann sendet das Gehirn – beinahe so rasch, wie es Bilder erzeugt – Botschaften an die entsprechenden Muskeln, die ihrerseits winzige Bewegungen – Mikrobewegungen – ausführen. Wären diese Mikrobewegungen

umfangreicher, so würden sie zu den bewußt wahrgenommenen und beobachtbaren Bewegungen führen, die im Text beschrieben werden und von denen die Mikrobewegungen gerade einen Anflug darstellen.
Diese Mikrobewegungen gelangen nur dann ins Bewußtsein, wenn sie sozusagen exzessiv werden, wenn sie die Zügel abstreifen, die ihnen üblicherweise auferlegt sind, und sich verselbständigen. Dann wird sich die betreffende Person geringfügiger, aber deutlicher Bewegungen und wahrscheinlich auch der Notwendigkeit bewußt, diese Bewegungen zu unterdrücken, damit sie nicht noch stärker werden. Die meisten Leser werden an der einen oder anderen Textstelle eine derartige Erfahrung machen, und zwar aus einer Vielzahl von Gründen, die recht individuell sein können. Diese Erfahrung wird wahrscheinlich so aussehen, daß Sie sich bemühen, einen zu starken Impuls zu unterdrücken, die Bewegungen auszuführen, deren Beschreibung Sie gerade gelesen haben. Sie könnten sogar plötzlich feststellen, daß Sie im Begriff sind, diese Bewegungen auszuführen, und zwar beinahe die volle Bandbreite der Bewegungen, die im Text beschrieben werden.
Bis auf wenige Ausnahmen ist keine einzelne der beschriebenen Bewegungen von großer Bedeutung für die Veränderungen, die sich nach Abschluß der Übung einstellen sollen. Die Effekte stellen sich vielmehr mit Sicherheit als die Folge einer recht großen Anzahl verschiedener beschriebener Bewegungen ein, die sorgfältig aufeinander abgestimmt sind und einen kumulativen Effekt haben. Dieser bewirkt das beabsichtigte Ergebnis: eine größere Schulterbeweglichkeit, eine größere Handsensi-

bilität, eine bessere Körperhaltung, eine veränderte Wahrnehmung des Selbst und der Welt, oder welcher Effekt auch immer bei einer bestimmten Übung eintreten soll.

Die »Körperspiele«, die Sie in diesem Buch »spielen« werden, reichen von recht einfachen bis zu verhältnismäßig komplizierten. Sie sagen eine Menge über die Fähigkeit des Körpers aus, selbst dann auf Sprache zu reagieren, wenn seine Beeinflußbarkeit weder durch emotionale Ursachen noch durch die Herbeiführung von Bewußtseinszuständen verändert wurde, die jenseits von dem liegen, was für den einzelnen und für seine Gesellschaft als Realität zu gelten hat.

Es gibt Bewußtseinszustände und emotionale Bedingungen, die die Fähigkeit und die Neigung des Körpers, sich in Erwiderung auf Bilder sowie auf verbale Ausdrücke zu verändern, außerordentlich stark erweitern. Man kann sich leicht vorstellen, wie ein Romanschriftsteller, der diesen Prozeß hinreichend versteht, eine große Vielfalt von Körperzuständen hervorrufen könnte – indem er mit emotionalen Zuständen und Tiefenstufen des Bewußtseins operiert –, um Erfahrungen zu schaffen, wie sie bisher in der Literatur unbekannt sind. Gewiß haben Autoren bereits etwas in dieser Art versucht, aber Neurosprache eröffnet einen Weg, eine größere Vielfalt von Reaktionen zu erzeugen, darunter vielleicht sogar Erlebnisse von der Tiefe religiöser und mystischer Erfahrungen (indem Sie zum Beispiel einen Zustand der Entpolarisierung, der Auflösung von Ichgrenzen herbeiführen und somit Erfahrungen des Einsseins mit einer höheren Wirklichkeit machen).

Da Neurosprache nachweisbar dazu geeignet ist – wie in diesem Buch beschrieben –, recht deutliche Veränderungen im Zentralnervensystem, in den Muskeln und im Skelett herbeizuführen, läßt sie sich wahrscheinlich auch zu Veränderungen in Körperorganen verwenden, und vielleicht kann man mit ihrer Hilfe sogar *alle* Körperteile und Körpervorgänge erreichen. Da sie sich nicht auf irgendwelche Hypothesen von unbewußten Kenntnissen oder Weisheiten stützt – wie es bei vielen Hypotheseverfahren der Fall ist –, könnte sie sogar noch spezifischere, vorhersagbare und weitreichende medizinische und andere therapeutische Anwendungen erlauben. Es wird Aufgabe der Forschung sein, diese Möglichkeiten für die Wissenschaft auszuloten, ebenso wie Schriftsteller die Möglichkeiten für die Literatur erforschen müssen.
Das bisher Gesagte sollte ein vorläufiges Verständnis dessen vermitteln, was der Methode mit dem Namen Neurosprache zugrunde liegt. Nachdem Sie die Übungen kennengelernt haben, werden Sie im Nachwort weiterführende Erklärungen finden.

2 Was werde ich erreichen?

Die Resultate der Neurosprache-Übungen sind von einer Person zur anderen recht unterschiedlich. Unter anderem hängt der Erfolg davon ab, ob die Übungen des Buchs mit den Problemen und Bedürfnissen des Lesers korrespondieren. Und er hängt von der Art und dem Grad der Aufmerksamkeit ab, die Sie dem Lesen der Übungen widmen. Falls einige der Übungen wirksam sind und andere nicht, könnte einer dieser beiden Faktoren dies erklären.

Neurosprache – dieses Buch – bietet die Möglichkeit zu entscheidenden, spezifischen Veränderungen in der Organisation und im Funktionieren verschiedener Teile des Körpers. Wichtiger aber ist, daß dieses kleine Buch einen Weg zu aufregenden neuen Methoden weist, wie sich der menschliche Körper verändern läßt. Dieses Buch bietet Unterhaltung, Wissen über Sie selbst und Erfahrungen, wie sie niemals zuvor möglich waren.

Um aber auf die wahrscheinlichen Ergebnisse zurückzukommen: Die meisten Leser sollten dieses Buch mit einem erweiterten, verbesserten und genaueren Körperbild aus der Hand legen, nachdem sie es gelesen haben. Das heißt, Sie sollten mehr von Ihrem Körper spüren und Sie sollten ihn deutlicher und genauer fühlen. Dies eröffnet den Zugang zu einer gesünderen und wirksameren Nutzung Ihres Körpers und bringt Geist und Körper in

eine bessere Übereinstimmung – beides sehr wünschenswerte Ergebnisse.
Sie werden über viele Arten von Bewegungen lesen. Einige davon führen Sie normalerweise niemals aus; Sie denken nicht einmal daran, sie auszuführen. Tatsächlich haben Sie diese Bewegungen in einer früheren Periode Ihres Lebens schon ausgeführt, und Sie werden sie wieder in Ihr Repertoire aufnehmen. Dies wird auf Grund der Mikrobewegungen, der Mikrowahrnehmungen und der sensorischen Bilder geschehen, die sich in der Folge Ihres Lebens ergeben. Dies wird seinerseits zuvor gehemmte Zellen in Ihrer motorischen Hirnrinde befreien. Und in dem Maße, in dem diese Enthemmungen stattfinden, wird ein »Überlaufeffekt« zu Enthemmungen in benachbarten Hirnarealen führen und aller Wahrscheinlichkeit nach zuvor blockierte Denk- und Empfindungsfähigkeiten befreien.
Neurosprache wird wahrscheinlich außerdem Ihr Selbstbild und das Bewußtsein Ihrer selbst insgesamt ändern und ausweiten. Auch dies gilt, wie alles übrige, für den wahrhaft aufmerksamen und konzentrierten Leser. Sie gewinnen vielleicht einen stärkeren Glauben an die Geschmeidigkeit Ihres Körpers oder an die Fähigkeit zu Veränderungen zum Besseren, die auf Sie selbst oder auf andere Ziele gerichtet sind. Sie werden auf der grundlegenden Ebene Ihres Seins begreifen und wissen, daß beinahe nichts an Ihnen wirklich festgelegt ist. *Wenn Sie dies wissen und wirklich glauben, dann steht Ihnen in weitaus höherem Maß als zuvor der Weg offen, sich selbst in jeder beliebigen Weise zu verändern.* Damit meinen wir die körperlichen, mentalen, emotionalen und auch die spirituellen

Dimensionen Ihres Seins. Außerdem gehören Intelligenz, Phantasie und Wille, Gleichgewicht, Kreativität, Moral und weitere dazu. Die Botschaft von Neurosprache lautet, daß ebenso, wie Wörter, Ideen und Bilder uns mentale und körperliche Fesseln anlegen können, ihre fachmännische Nutzung uns befreien kann, und zwar auf jeder Ebene unseres Seins.

Wenn wir von »Übungen« im Sinne von Neurosprache sprechen, so sind Ansätze gemeint, die auf Veränderungen der eben erwähnten Art abzielen. Der menschliche Organismus verlangt naturgemäß für seine Gesundheit und sein Gleichgewicht auch eine gute Ernährung und eine intelligente Anwendung der bekannten körperlichen Übungen, die zu einem stabilen und belastungsfähigen Kreislauf, zu Kraft und anderen Arten von Fitneß führen sollen, darunter die Aufrechterhaltung eines vernünftigen Körpergewichts. Hierbei handelt es sich um Übungen auf einem eher oberflächlichen Niveau, doch kann deren Wichtigkeit nicht genügend betont werden. Die weiterreichenden Veränderungen, zu denen die harmonischen Wechselbeziehungen zwischen Körper und Geist gehören, lassen sich stets leichter erreichen, wenn der Körper gut ernährt wurde, wenn all seine inneren Organe gut funktionieren und wenn Knochen und Muskeln stark sind.

Aber stellen Sie sich Neurosprache auch als eine Art Körperspiel vor. Betrachten Sie Ihre Erfahrungen mit diesem Buch als Freude und Vergnügen, als einen lustorientierten Ansatz zur Entfaltung der Selbst-Kenntnis. Schließlich gilt es hier vieles zu entdecken, was den Forschungseifer und die Phantasie von Wissenschaftlern und literarischen Künstlern auf den Plan ruft. Die Anwendung von Neurosprache in Neurologie, Rehabilitationstherapien, Geriatrie, Psychotherapie sowie in anderen Bereichen der Psychologie, Psychiatrie und der Kognitionswissenschaften, darüber hinaus beim Verfassen von Romanen und vielleicht auch von Lyrik, muß noch diskutiert und entwickelt werden. Der Autor wartet begierig und mit großer Neugier auf diese Entwicklungen und Anwendungen.

3 Wie führe ich die Übungen aus?

Die Art und Weise, wie Sie die Neurosprache-Übungen ausführen, bestimmt, welche Erfolge Sie haben werden. Wir werden dies im Verlauf des ganzen Buchs immer wieder auf die eine oder andere Art betonen. Die Erfahrung hat gelehrt, daß solche Erinnerungen nötig sind, da Sie dieses Buch auf eine Weise lesen sollen, die von Ihrem gewohnten Lesemuster, das Sie sich im Laufe vieler Jahre oder sogar Jahrzehnte angewöhnt haben, abweicht.

Wir fordern Sie auf, dieses Buch in einer Umgebung zu lesen, in der Sie möglichst nicht gestört werden. Dies bedeutet unter anderem einen Raum, in dem kein Telefon klingeln kann, in dem kein Publikumsverkehr ist und in dem Geräusche von draußen so weitgehend wie möglich gedämpft sind.

Abgesehen davon, von Ihnen selbst und Ihrem Buch, brauchen Sie nicht mehr sehr viel. Sie sollten lockere und bequeme Kleidung tragen, damit Sie sich behaglich fühlen, und Sie sollten barfuß sein. Sie sollten das Buch auf einen Tisch oder Schreibtisch legen. Und Sie sollten über eine bequeme, aber nicht zu weiche und nachgiebige Sitzgelegenheit verfügen. Ob Sie einen Stuhl mit Armlehnen bevorzugen, liegt in Ihrem Ermessen. Wenn Sie die Möglichkeit haben, probieren Sie einen Stuhl mit und einen ohne Armstützen aus und stellen Sie fest, was Ihnen am meisten zusagt.

Abgesehen von einem Platz, der frei von Ablenkungen ist, sollten Sie auch einen inneren Ort haben, der so weitgehend wie möglich von störenden Einflüssen frei ist. Lesen Sie dieses Buch nicht, wenn Ihr Denken von anderen Dingen erfüllt ist, denn Sie sollten dem, was Sie lesen, Ihre ganze Aufmerksamkeit widmen können. Gestehen Sie sich genügend viel Zeit zu, so daß Sie Ihre Erfahrungen nicht in Eile machen müssen, weil Sie noch anderes zu tun haben. Lesen Sie nicht deshalb, weil Sie das Gefühl haben, daß es Ihre Pflicht ist.

Lesen und das Körperspiel, das Neurosprache ist, »spielen« sollten etwas sein, was Sie tun möchten, und nicht etwas, von dem Sie glauben, daß Sie es tun müßten oder sollten. Es ist eine erwiesene Tatsache, daß Menschen viel besser lernen, wenn sie tun, was sie tun möchten, statt Dinge auszuführen, zu denen sie sich gezwungen fühlen, unabhängig davon, ob der Zwang ein innerer oder ein äußerer ist. Menschen lernen am besten, wenn das Lernen lustbetont ist – und das Neurosprache-Lernen kann ebenso vergnüglich wie aufregend sein. Das, was Sie tun, ist neu für Sie, und Sie wissen nicht, was dabei herauskommt. Die Übungen sind kurz, potentiell sehr nützlich, und was auch immer am Ende eines Kapitels Sie erwarten mag, es wird gewiß eine Überraschung sein.

Achten Sie beim Lesen darauf, daß Sie stets bequem sitzen. Sie sollten Ihre Sitzhaltung sowenig wie möglich verändern. Es ist besonders wichtig, daß Sie weder die Beine und Füße noch die Arme und Hände überkreuzen. Dies würde bei den Neurosprache-Übungen Ihr Nervensystem verwirren und die angemessenen Reaktionen verhindern.

Das menschliche Nervensystem ist in der Regel rational und gesund genug, um hedonistisch zu sein: um Lust zu suchen und Unlust zu vermeiden. Es läßt sich nur in wenigen Fällen rechtfertigen, diesen Neigungen des gesunden Nervensystems entgegenzuwirken. Die Neurosprache-Übungen werden Ihnen fast mit Sicherheit Vergnügen machen, wenn Sie beabsichtigen, Vergnügen aus ihnen zu ziehen. Sie werden beim Lesen erkennen, daß sich viele der Bewegungen auf sinnliche und besonders in taktiler und kinästhetischer Hinsicht produktive Art ausführen lassen und mit der Lust am Berühren und an der Bewegung verbunden sind.

Sie werden wiederholt daran erinnert werden, daß es die Art und der Grad Ihrer Aufmerksamkeit sind, die bestimmen, wieviel Ihnen Neurosprache gibt. Sie können Ihre Aufmerksamkeit nur dann fokussieren, wenn Sie die bereits erwähnten äußeren und inneren Bedingungen herstellen. Wenn von der Art der Aufmerksamkeit die Rede ist, so schließt dies ein Bewußtsein Ihrer selbst ein, das verhindert, daß Ihre Konzentration eine gewollte Anstrengung bedeutet. Die Achtsamkeit ist Ihnen beim Lesen dienlich und macht es möglich, daß die Bedeutungen der Wörter Ihren Verstand passieren, in dem Wissen, daß ihre Botschaften nicht für den Verstand, sondern für den Körper bestimmt sind. Es ist auch die Art der Aufmerksamkeit, die Ihren Körper entspannt bleiben läßt und die lustorientierte Begegnung mit Ihrer Erfahrung garantiert.

Sie müssen – wie wir Sie wiederholt ermahnen werden – *langsam* lesen. Sie werden immer wieder aufgefordert werden, zwischen den Sätzen eine oder zwei Sekunden

Pause zu machen, damit das Gelesene Zeit hat, in Sie einzusinken. Ihr Gehirn ist es nicht gewohnt, Informationen zu verarbeiten, die auf die Art und Weise präsentiert werden wie in Neurosprache. Ihr Zentralnervensystem hat keine Erfahrung darin, Informationen auf die Art und Weise aufzunehmen und weiterzugeben, wie es hier gefordert ist. Für Ihren Körper handelt es sich um eine Lernerfahrung, und der Lernprozeß wird zu Beginn langsamer sein, bis Ihnen der gesamte Prozeß vertrauter geworden ist.

Da Sie sich vornehmen, langsamer und gründlicher als sonst zu lesen, sind Sie möglicherweise auch anfälliger für die Tendenz, Ihre Gedanken wandern zu lassen, und für die Neigung, auf die Neuartigkeit der Situation zu reagieren, indem Sie den Atem anhalten oder die Muskeln anspannen. Impulse dieser Art können sehr stark sein, und es ist sehr wichtig, sie im Auge zu behalten und nicht zuzulassen, daß Sie in dieses Verhalten verfallen. Wenn Sie bemerken, daß Sie den Atem anhalten, normalisieren Sie einfach Ihren Atemrhythmus und fahren Sie mit dem Lesen fort. Wenn Sie feststellen, daß Sie Ihre Schultern verspannt haben, lockern Sie sie einfach, und so weiter. Wenn Sie dies einige Male wiederholt haben, sollten Sie fähig sein, entspannter fortzufahren.

Ähnlich sollte es Ihnen, wenn Sie erst einige der Übungen ausgeführt haben, leichter fallen, Ihr Bewußtsein auf die erforderliche Art einzusetzen, und es sollte Ihrem Körper leichter fallen, die empfangenen Botschaften aufzunehmen und entsprechend zu handeln.

Alle weiteren Anweisungen finden Sie an den entsprechenden Stellen im Buch. Abschnitte, in denen Sie aufgefordert werden, körperliche Handlungen auszuführen oder Beobachtungen über Ihren körperlichen Zustand oder Ihre Wahrnehmungen anzustellen, sind kursiv gedruckt. Ihr Lesen und »Tun« wird durch Informationen in den nachfolgenden Kapiteln gestützt.

4 Von Kopf bis Fuß

Nun lassen Sie beim Lesen Ihre Füße flach und parallel zueinander und in einem Abstand von 25 bis 30 Zentimetern auf dem Boden stehen, so daß es sich bequem anfühlt. Nachdem Sie diesen Satz gelesen haben, achten Sie auf Ihre Füße und darauf, wie Sie sie wahrnehmen – ob Sie sie deutlich spüren, wie sich ihr Kontakt mit dem Boden anfühlt und was Sie sonst noch bemerken mögen. Ich vertraue darauf, daß Sie dies sorgfältig und ohne Hast ausführen. Falls nicht – oder auch dann, wenn es so war –, wiederholen Sie Ihre Beobachtungen, und lassen Sie sich wenigstens eine oder zwei Minuten Zeit dafür. Sie müssen Ihre Füße die ganze Übung hindurch etwa so lassen, wie sie jetzt sind.
Und nun lesen Sie langsam weiter, und bemühen Sie sich nicht, viel Sinn in dem zu entdecken, was Sie lesen. Nehmen Sie einfach nur zur Kenntnis, daß man, wenn man den Körper anspricht, anders redet, als wenn man den Verstand anspricht, und Sie sind mit Wörtern vertraut, die an den Verstand gerichtet sind. Deshalb könnte das Gesagte Ihnen seltsam oder sogar unsinnig vorkommen – zumindest bis Sie sich an den Unterschied gewöhnt und ein gewisses Verständnis der Methode erlangt haben. Bleiben Sie einfach nur für die Möglichkeit offen, daß ein sehr interessanter Punkt geklärt wird, wenn Sie weiterlesen.

Ich möchte Sie nun an die Tatsache erinnern, daß Sie einen rechten Fuß besitzen. Falls es sich um einen typischen unbeschädigten rechten Fuß handelt, weist er fünf

Zehen auf. Es gibt eine rechte große Zehe und daneben eine weitere Zehe. Außerdem besitzt Ihr rechter Fuß eine Mittelzehe und dann eine Zehe, die an der Hand dem Ringfinger entspricht. Ich rechter Fuß weist auch eine kleine Zehe auf. Vielleicht wissen oder wissen Sie nicht oder können fühlen, welche Zehe Ihres rechten Fußes die längste ist, welche die zweit- und die drittlängste ist. Aber sehr wahrscheinlich wissen Sie, daß die kleine Zehe Ihres rechtes Fußes die kürzeste ist und daß die große Zehe Ihres rechten Fußes so heißt, weil sie die umfangreichste ist. Diese große Zehe Ihres rechten Fußes entspricht dem Daumen Ihrer rechten Hand.

Ihr rechter Fuß erinnert auch in anderer Hinsicht an eine Hand. Zum Beispiel befinden sich vor den Knochen der Zehen weitere Knochen, die in Ihren Fuß hineinführen, die Ihrem Fuß Halt geben und ihm Geschmeidigkeit beim Bewegen verleihen. Natürlich haben Sie auch eine rechte Ferse und darüber einen rechten Knöchel, der sich bewegt, wenn der rechte Fuß geht. Es findet auch eine Bewegung in Ihrem rechten Knöchel statt, wenn Sie den Fußballen und die Zehen Ihres rechten Fußes auf dem Boden lassen und einfach Ihre rechte Ferse anheben.

Wahrscheinlich können Sie Ihre rechten Zehen zugleich anheben und wieder senken. Sie können wahrscheinlich Ihre rechte große Zehe allein anheben. Sie können wahrscheinlich die übrigen vier Zehen gemeinsam anheben und senken. Aber obwohl Sie eigentlich das Potential dazu haben, können Sie vermutlich nicht Ihre rechten Zehen einzeln bewegen, etwa derart, wie Sie Ihre Finger bewegen können.

Sie haben Ihren rechten Fuß viele Male gesehen. Sie haben Ihren rechten Fuß von oben, von der Innenseite, von der Außenseite und sogar von der Unterseite her gesehen. Ihr rechter Fuß hat Sie Ihr ganzes Leben hindurch begleitet, und Sie sollten wirklich wissen, wie er aussieht. Aber wissen Sie tatsächlich, wie er aussieht? Können Sie, ohne hinzuschauen, die Zehennägel Ihres rechten Fußes, die Zwischenräume zwischen den Zehen, die Oberseite Ihres rechten Fußes, Ihren rechten Knöchel und so weiter visualisieren?

Wenn Sie ans Gehen denken, wissen Sie dann wirklich, wie Ihr rechter Fuß sich bewegt? Treten Sie zuerst mit der Ferse des rechten Fußes auf, rollt dann die Fußunterseite ab, bis Sie beim Ballen des rechten Fußes ankommen sind, und heben Sie dann die Zehen Ihres rechten Fußes der Reihe nach vom Boden ab, entsprechend ihren Längen? Wie fühlt es sich an, wenn Sie den Fuß aufsetzen und auf Ihrem Fuß gehen und ihn wieder hochheben? Gehen Sie gewöhnlich schwer oder leicht mit Ihrem rechten Fuß? Haben Sie irgendwie einen Eindruck davon, wie sich das Gehen auf Ihrem rechten Fuß von demjenigen auf Ihrem linken Fuß unterscheidet?

Wissen Sie, daß Sie Ihren rechten Fuß einfach vorwärts und rückwärts gleiten lassen können? Sie können Ihren rechten Fuß viele Male vorwärts und rückwärts gleiten lassen. Sie können dies, ohne viel nachzudenken, tun und sich nur dafür interessieren, ob Ihr rechter Fuß vorwärts und rückwärts gleitet. Oder Sie führen diese Bewegung in der Absicht aus, Ihren rechten Fuß dazu zu benutzen, etwas über die Beschaffenheit des Bodens oder des Teppichs oder welcher Oberfläche auch immer, die

Sie berühren, zu erfahren. Sie können auch, mittels der gleichen Bewegung, die Oberfläche, die Sie berühren, absichtlich dazu benutzen, Empfindungen an der Unterseite Ihres rechten Fußes hervorzurufen. In der Tat kann Ihnen die Unterseite Ihres rechten Fußes, wenn sie entsprechend stimuliert wird, wahre Lustgefühle bescheren. Die Tastnerven in der Unterseite der Füße gehören zu den empfindsamsten Nerven im menschlichen Körper. Höchstwahrscheinlich war es die Absicht der Evolution, Sie auf diese Weise vor Verletzungen zu schützen. Die Menschen mancher Kulturen haben die Empfindsamkeit der Füße, besonders der Fußunterseiten, derart gepflegt, daß ihnen die Füße als eine Art sekundäre Geschlechtsorgane dienen können. Auch Ihr rechter Fuß ließe sich zu einer solchen vergnüglichen »Bewußtheit« stimulieren.

Sie können Ihren rechten Fuß auch von einer Seite zur anderen schwenken. Ihre rechte Ferse kann weitgehend an ihrem Platz bleiben, während der übrige Fuß ein gutes Stück nach links und dann zurück nach rechts schwenkt, indem er beide Male die Richtung überschreitet, in der Ihr rechter Fuß üblicherweise von Ihnen fortweist. Oder Sie können Ihren rechten Fuß derart schwenken, daß Ihre rechte Ferse sich von einer Seite zur andern bewegt und der Ballen Ihres rechten Fußes mehr oder weniger an Ort und Stelle bleibt.

Sie können mit Ihrem rechten Fuß auch Kreise auf dem Boden beschreiben. Sie können kleine Kreise ziehen, oder Sie können große Kreise beschreiben. Sie können langsame Kreise beschreiben, oder Sie können schnelle Kreise ziehen. Sie können mit Ihrem rechten Fuß Kreise

im Uhrzeigersinn ziehen oder ihn entgegen dem Uhrzeigersinn kreisen lassen.
Sie können mit Ihrem rechten Fuß auch mehrere dieser Möglichkeiten kombinieren. Zum Beispiel können Sie langsame, kleine Kreise im Uhrzeigersinn ausführen, oder Sie können rasche große Kreise entgegen dem Uhrzeigersinn beschreiben. Ihr rechter Fuß kann eine Vielzahl kombinierter Bewegungen ausführen, entsprechend den verschiedenen möglichen Kreisdurchmessern und je nachdem, wie schnell oder wie langsam Ihr rechter Fuß sich in die eine oder andere Richtung bewegt.

Nachdem Sie nun dies gelesen haben, richten Sie Ihre Aufmerksamkeit bitte auf Ihre Füße, und beobachten Sie, ob sie für Sie in derselben Weise existieren, wie sie für Sie existierten, bevor Sie diese Feststellungen über Ihren rechten Fuß und einige seiner Empfindungen und Bewegungsmöglichkeiten gelesen haben. Ist Ihr Bewußtsein für Ihren rechten Fuß vergleichsweise dasselbe wie für Ihren linken Fuß? Falls nicht, welche Unterschiede nehmen Sie wahr?
Können Sie die einzelnen Zehen Ihres rechten Fußes irgendwie deutlicher wahrnehmen? Fühlt Ihr rechter Fuß sich auf dem Boden irgendwie anders an?
Vergleichen Sie Ihr Gefühl für Ihr rechtes unteres Bein mit Ihrem Empfinden für das linke untere Bein. Vergleichen Sie Ihr rechtes Knie mit dem linken, Ihre rechte Schulter mit der linken. Vergleichen Sie Ihre rechte Gesichtshälfte mit Ihrer linken Gesichtshälfte. Wenn Sie für eine Weile aufhören zu lesen und Ihre Augen schließen, haben Sie dann das Gefühl, daß Ihr Blick nach rechts gerichtet ist? Daß sich Ihr Kopf möglicherweise spontan nach rechts gedreht hat – vielleicht sogar Ihr ganzer Oberkörper –, so

daß Ihre Wirbelsäule sich in sich selbst gedreht hat, wie sie es tut, wenn Sie sich nach rechts drehen und sich Ihre rechte Schulter hinter die linke schiebt? Möglicherweise stellen Sie fest – vorausgesetzt, es lag keine Hemmung vor –, daß Ihr Atem voller und deutlicher durch Ihr rechtes Nasenloch geht als durch ihr linkes Nasenloch.

Gleich nachdem Sie diesen Abschnitt gelesen haben, stehen Sie bitte auf, gehen Sie im Raum umher, und vergleichen Sie die Art und Weise, wie Ihr rechter Fuß auftritt, mit der Art und Weise, wie Ihr linker Fuß auftritt – den Kontakt mit dem Boden, die Biegsamkeit des Fußes und was Sie sonst noch bemerken.

Beginnen Sie zu verstehen, was mit dem Begriff Neurosprache gemeint ist?

Als Sie Ihren Vergleich anstellten, haben Sie vermutlich festgestellt, daß sich nicht nur Ihr rechter Fuß besser anfühlte, sondern daß auch Ihr linker Fuß sich weniger gut anfühlte – unter anderem steif und schwerfällig. Aber es ist nicht wahr, daß Ihr linker Fuß »weniger gut« als zuvor ist. Vielmehr vergleicht Ihr Nervensystem Ihren linken Fuß, der so normal wie zuvor ist, mit den Verbesserungen, die sich in Ihrem rechten Fuß eingestellt haben, so daß der linke Fuß vergleichsweise schlechter abschneidet.

Es ist gut, wenn Sie diese Unterschiede zwischen Ihren beiden Füßen für eine Weile bestehen lassen. Dies ermutigt Ihren Körper, die bessere Organisation anzunehmen und auf ihre Beibehaltung hinzuarbeiten. Es ist auch möglich, wie Sie noch lernen werden, Ihren linken Fuß – oder welchen Körperteil auch immer – sehr rasch in einen Zustand ähnlich oder gleich dem verbesserten Körperteil zu bringen. Darüber hinaus können Sie dieselbe Übung wiederholen, sooft Sie wollen, und in den entsprechenden Sätzen »rechts« durch »links« oder »links« durch »rechts« erset-

zen, was gerade nötig ist. Dann werden Sie, wenn Sie dem Text folgen, den entgegengesetzten Effekt erzielen – entgegengesetzt in dem Sinne, daß die gegenüberliegende Seite diejenige sein wird, die den Nutzen hat.

Begreifen Sie allmählich, daß die Reaktionen, die ein für den Körper geschriebener und an den Körper adressierter Text hervorruft, sich stark von denjenigen unterscheiden, die stattfinden, wenn das Geschriebene – wie beinahe alles, was geschrieben wird – vor allem den Verstand anspricht?

Dies zu wissen und zu verstehen ist nur ein Anfang. Während Sie lesen und während Sie lernen – während Sie lernen zu reagieren und während Sie in vielerlei Hinsicht mehr über sich selbst lernen –, werden immer tiefere und komplexere Veränderungen stattfinden. Und möglicherweise gibt es keine Stelle und keine Funktion Ihres Körpers, die nicht durch entsprechend adressierte Wörter erreichbar ist.

5 Bewegungen der Schulter und des oberen Rückens

Nachdem Sie diesen Abschnitt gelesen haben, führen Sie bitte die beschriebenen Handlungen aus, und achten Sie sorgfältig auf Ihre Bewegungen und Empfindungen. Am Ende der Übung werden Sie gebeten, dieselben Handlungen nochmals auszuführen und Ihre Bewegungen und Empfindungen mit den Bewegungen und Empfindungen zu vergleichen, die Sie jetzt gleich beobachten werden. Als erstes gehen Sie im Raum umher, und beobachten Sie die Bewegungen in Ihren Schultern beim Gehen und die Art und Weise, wie Sie Ihre Schulterbewegungen wahrnehmen. Achten Sie auch auf die Bewegungen Ihrer Arme infolge Ihrer Schulterbewegungen. Danach bleiben Sie stehen, und achten Sie auf Ihre Schultern, und vergleichen Sie Ihre rechte Schulter mit Ihrer linken Schulter. Nehmen Sie die Arme nach hinten, heben Sie sie dann über den Kopf, dann nach vorn und abwärts. Lassen Sie Ihre Arme aus den Schultern heraus kreisen, und vergleichen Sie, wie angenehm sich die Bewegungen in Ihren beiden Schultern anfühlen. Dann setzen Sie sich wieder hin, und vergleichen Sie die Art Ihres Bewußtseins von Ihrer rechten und von Ihrer linken Schulter, von Ihrem rechten und von Ihrem linken Fuß, von der rechten und der linken Seite Ihres Beckens, von der rechten und der linken Seite Ihres Gesichts und von Ihrer rechten und Ihrer linken Seite insgesamt. Bitte, tun Sie dies jetzt. Nun stellen Sie, immer noch sitzend, die Füße parallel nebeneinander, 25 bis 30 Zentimeter voneinander entfernt. Halten

Sie Ihren Körper möglichst in einer symmetrischen Stellung, und behalten Sie diese symmetrische Stellung beim Weiterlesen bei.

Richten Sie Ihre Aufmerksamkeit nun bitte auf Ihre rechte Schulter, Ihr rechtes Schulterblatt und den rechten oberen Rücken. Wenn Sie diese Stellen deutlich wahrnehmen können, spüren Sie vielleicht Ihre rechte obere Schulter, die Vorderseite der Schulter, die Außenseite der Schulter, die hintere Schulter. Sie spüren außerdem vielleicht Ihr rechtes Schultergelenk und wie Ihr rechter Arm an Ihrer rechten Körperseite angebracht ist. Sie mögen sich auch Ihrer rechten Achselhöhle und der Stelle bewußt sein, an der Ihr rechter Arm auf Ihren rechten Oberkörper trifft.
Ihre rechte Schulter verfügt über viele Möglichkeiten der Bewegung. Zum Beispiel können Sie Ihre rechte Schulter nach vorn bewegen. Sie können Sie nach vorn und zum Ausgangspunkt zurück bewegen und sie wiederum vor- und zurückbewegen. Diese Schulterbewegungen werden von deutlich wahrnehmbaren Empfindungen begleitet.
Wenn Sie Ihren rechten Arm nach vorn ausstrecken, können Sie entdecken, daß Sie mit Ihrer rechten Schulter eine weitaus umfänglichere Bewegung ausführen können, als es möglich wäre, wenn Ihre rechte Hand auf Ihrem Buch, auf Ihrem Schreibtisch, auf Ihrem Oberschenkel oder auf der Armlehne Ihres Stuhls ruhen würde.
Sie können Ihre rechte Schulter auch rückwärts bewegen, an den Ausgangspunkt zurückkehren und diese Bewe-

gung viele Male ausführen. Sie haben dann andere, wenn auch ähnliche Empfindungen wie in dem Fall, wenn Sie Ihre rechte Schulter nach vorn bewegen. Wenn Sie Ihren rechten Arm hinter Ihren Körper bringen, ist die Rückwärtsbewegung Ihrer Schulter viel aufwendiger.
Sie werden wahrscheinlich feststellen, daß Sie etwas ausladendere Bewegungen ausführen können, wenn Sie den Arm in Ihrem rechten Schultergelenk hochheben, Ihre Schulter näher an Ihr rechtes Ohr bringen und zur Decke emporheben. Sie können Ihre rechte Schulter heben, sie wieder sinken lassen und sie wieder heben und senken, während Sie die Gefühle in Ihrer rechten Schulter beobachten. Wenn Sie für eine Weile eine Reihe von Bewegungen mit der rechten Schulter ausführen – vor und zurück, aufwärts und abwärts –, werden Sie beinahe mit Sicherheit den Eindruck haben, daß Ihre rechte Schulter tiefer hängt als die andere. Sie wird sich auch lebendiger anfühlen, als könnten Sie sie leichter und mit einem größeren Spielraum bewegen.
Sie können Ihre rechte Schulter auch sinken lassen und dann wieder an ihren angestammten Platz bringen. Dies wird Ihnen leichter fallen, wenn Ihr rechter Arm an Ihrer Seite hängt. Auch in diesem Fall werden die Empfindungen in Ihrer rechten Schulter anders sein, wenn auch ähnlich jenen, die Sie haben, wenn Sie Ihre rechte Schulter vorwärts, nach oben oder zurück bewegen.
Sie können mit Ihrer rechten Schulter auch kreisende Bewegungen ausführen. Sie können Ihre rechte Schulter nach oben bewegen, dann nach vorn und dann nach unten, dann nach hinten und wieder aufwärts, nach vorn, nach unten, nach hinten und so weiter – Sie können Ihre

rechte Schulter immer wieder kreisen lassen. Sie können mit Ihrer rechten Schulter kleine Kreise ausführen, und Sie können mit Ihrer rechten Schulter größere Kreise beschreiben. Sie können Ihre rechte Schulter langsam kreisen lassen, und Sie können sie schneller kreisen lassen. Sie können kleine, langsamere Kreise mit Ihrer rechten Schulter ausführen, und Sie können große, schnelle Kreise mit Ihrer rechten Schulter ausführen. Sie können verschieden große und verschieden schnelle Kreise ausführen.

Sie können auch die Richtung umkehren, in der Ihre rechte Schulter kreist. Sie können sie eine Zeitlang rückwärts kreisen lassen, und dann können Sie sie für eine Weile nach vorn kreisen lassen und darauf achten, was Sie mit Ihrer rechten Schulter tun und wie es sich anfühlt.

Sie können Ihre flache, rechte Hand auf Ihr rechtes Bein legen, knapp oberhalb des Knies. Dann können Sie Ihre rechte Hand Ihr rechtes Bein hinabgleiten lassen, indem Sie mit der rechten Schulter drücken. Und Sie können Ihre rechte Hand wieder an ihren Ausgangspunkt zurückbringen, indem Sie mit Ihrer rechten Schulter ziehen. Indem Sie mit Ihrer rechten Schulter drücken und dann ziehen, können Sie Ihre rechte Hand Ihr Bein hinab- und hinaufbewegen, die ganze Strecke vom Knöchel bis zum Hüftgelenk, wenn Sie so weit reichen können. Zu diesem Zweck müssen Sie nicht nur mit Ihrer rechten Schulter drücken und ziehen, sondern auch Ihren Rumpf in der Taille beugen und Ihre Schulter nach vorn und zurück bewegen.

Sie können auch Ihre rechte Hand oben auf Ihre rechte

Schulter legen, wenn Sie den Oberarm etwa in Schulterhöhe halten, und dann mit Ihrem rechten Arm Kreise um Ihre rechte Schulter ausführen. Sie können in dieser Haltung Kreise aller Art ausführen, im Uhrzeigersinn und entgegen dem Uhrzeigersinn, langsam und schnell, groß und klein – und alle möglichen Kombinationen, bei denen Ihre rechte Schulter kreist und Ihre rechte Hand darauf ruht.

Sie können auch mit Ihrer rechten Hand auf Ihrer rechten Schulter Ihren Ellbogen nach vorn bewegen, so daß Ihre rechte Schulter sich nach innen dreht. Wenn Sie Ihre rechte Hand in die rechte Achselhöhle legen, können Sie feststellen, daß Sie eine andere Schulterbewegung machen und daß die Schulterbewegung mehr Ihrer Körpermitte entgegengerichtet ist.

Die Bewegung Ihrer rechten Schulter hin zur Körpermitte wird größer, wenn Sie Ihre Hand tiefer und tiefer Ihre rechte Körperseite hinabgleiten lassen, bis Sie schließlich einen Punkt erreichen, an dem diese Reaktionen sich verringern.

Etwas Ähnliches geschieht, wenn Sie Ihre rechte Hand auf Ihre rechte Schulter bringen und den Arm hinter die Schulter gleiten lassen. Dann bewegt sich Ihre Schulter weiter und weiter zurück, während Ihre Hand Ihren Körper hinabwandert, bis Sie auch hier einen Punkt sich verringernder Reaktionen erreichen. Die Bewegung Ihrer rechten Schulter wird immer geringer, und schließlich gibt es fast überhaupt keine Bewegung in Ihrer Schulter oder in Ihrem rechten Schulterblatt oder in der oberen rechten Seite Ihres Rückens mehr.

Nun können Sie Ihren rechten Arm ausstrecken, bis Ihre

rechte Hand auf dem Tisch vor Ihnen ruht, und Sie können eine lockere Faust machen. Dann können Sie die Faust wie ein Rad nach innen rollen und dieses Rollen in Ihrer rechten Schulter spüren. Danach können Sie die Faust nach außen, von Ihrem Körper fort, rollen und spüren, wie Ihre rechte Schulter sich nach außen dreht. Sie können Ihre Faust von links nach rechts rollen, so daß Ihre rechte Schulter nach innen und dann nach außen rollt, und wieder zurück, und Sie werden eine Empfindung und Bewegung in Ihrer rechten Schulter verspüren, die ganz anders ist als alles, was bisher beschrieben wurde. Inzwischen werden Sie, wenn Sie diese Bewegungen ausgeführt haben, deutlich bemerken, daß Ihre rechte Schulter tiefer als Ihre linke Schulter hängt. Sie werden sogar bemerken, daß Ihr Becken auf Ihrer rechten Seite tiefer gesunken ist; und daß in der Tat Ihr ganzer Körper dazu tendiert, sich nach rechts zu neigen.

Sie werden wahrscheinlich feststellen, daß Ihr Kopf nach rechts geneigt ist, daß Ihre Wirbelsäule sich nach rechts biegt und daß deshalb Ihr rechter Brustkorb stärker zur Körpermitte hin geneigt ist. Sie werden vermutlich auch eine Veränderung der Stellung Ihres rechten Hüftgelenks bemerken, derart, daß Ihr rechtes Knie nach außen weist und auch der rechte Fuß, während der linke Fuß und das linke Knie nach vorn gerichtet sind.

Mit anderen Worten, Sie werden entdecken, daß Ihr Nervensystem eine sehr starke Rechtsneigung erkennen läßt. Sie werden feststellen, daß Ihre rechte Körperseite sich mit einem Mal weniger dicht und zugleich lebendiger als Ihre linke Seite anfühlt. Besonders werden Ihnen Empfindungen in Ihrer rechten Schulter auffallen, die wahrscheinlich bis in Ihr rechtes Schultergelenk hineinreichen, wenn Sie es nicht bewegen – und auch dann, wenn Sie beschließen, mit Ihrem rechten Schultergelenk kreisförmige oder andere Bewegungen auszuführen. Und dieses Gefühl, das Sie in Ihrer rechten Schulter und darunter empfinden, wird sich gewiß sehr stark von Ihrer Empfindung in Ihrer linken Schulter unterscheiden, wenn Sie die Gefühle in den beiden Schultern jetzt, da Sie dort sitzen, miteinander vergleichen.

Bemerken Sie nun, wie Sie sitzen und ob Ihr Nervensystem eine Neigung zu Ihrer rechten Körperseite erkennen läßt? Vergleichen Sie, wie Sie Ihr rechtes Auge wahrnehmen, mit der Art, wie sich Ihr linkes Auge anfühlt. Schließen Sie für diesen und andere Vergleiche die Augen. Vergleichen Sie die rechte Seite Ihrer Lippen mit der linken, die rechte Seite Ihres Gesichts mit der linken, Ihre rechte Schulter mit Ihrer linken.

Und nun lassen Sie Ihre beiden Schultern objektiv, körperlich, kreisen, und vergleichen Sie. Vergleichen Sie nicht nur die Schulterbewegungen miteinander, sondern auch alles, was Ihrem Empfinden nach in Ihrem rechten und linken oberen Rücken geschieht.

Dann stehen Sie bitte auf, gehen Sie umher und vergleichen Sie Ihre rechte Seite mit Ihrer linken Seite – als erstes die Art und Weise, wie Ihre Schultern sich bewegen, dann, was Sie sonst noch wahrnehmen, zum Beispiel, wie sich der Bodenkontakt Ihres rechten Fußes und Ihres linken Fußes anfühlt.

Danach bleiben Sie stehen und vollführen mit beiden Armen mehrere große Kreise über Ihrem Kopf. Beschreiben Sie die Kreise gleichzeitig und auch abwechselnd. Führen Sie Kreise aus, die mit einer Rückwärtsbewegung Ihrer Arme beginnen, und Kreise, die mit einer Vorwärtsbewegung Ihrer Arme beginnen. Dann vergleichen Sie Ihre beiden Schultern und die Arme miteinander. Setzen Sie sich wieder auf Ihren Stuhl, und machen Sie weitere Beobachtungen.

6 Die Änderung der Beziehung des Körpers zur Schwerkraft

Lesen Sie bitte zunächst diesen Abschnitt durch. Dann folgen Sie den Instruktionen. Während Sie dies tun, achten Sie so sorgfältig wie möglich auf Ihre Gefühle und Bewegungen, so daß Sie das, was Sie beobachten, genau in Erinnerung behalten und Ihren jetzigen Zustand mit Ihrem Zustand nach Beendigung der Übung vergleichen können. Als erstes werden Sie beobachten, wie Sie stehen und wie es sich anfühlt. Achten Sie auf Ihre Gefühle für die Länge – oder Höhe – Ihres Körpers, auf die Kontakte Ihrer Füße mit dem Boden, darauf, wie sich Ihr Körper anfühlt – besonders auch Ihr unterer Rücken – und wie Sie Ihren Kopf halten. Achten Sie darauf, ob sich Ihr Kopf aufrecht anfühlt, so daß Ihr Blick auf den Horizont statt auf den Boden oder zur Decke gerichtet ist. Versuchen Sie auch, sich bewußtzumachen, was Sie mit Ihren Augen tun – ob sie zum Horizont schauen oder ob sie nach unten oder nach oben oder nach einer Seite gerichtet sind. Dann gehen Sie – indem Sie sich weiterhin sorgfältig beobachten – umher, und stellen Sie ähnliche Beobachtungen an, die sich auf Gefühle für die Größe und das Gewicht Ihres Körpers beziehen. Führen Sie diese Tätigkeiten jetzt aus, dann kehren Sie auf Ihren Stuhl zurück.

Stellen Sie nun bitte, wie zuvor, im Sitzen die Füße flach auf den Boden. Ihre Füße sollten parallel zueinander stehen, 25 bis 30 Zentimeter weit voneinander entfernt, und so bleiben.

Denken Sie daran, es ist von entscheidender Bedeutung, daß Sie langsam und äußerst konzentriert lesen. Legen Sie nach jedem Satz eine Pause von einer oder zwei Sekunden ein, so daß Neurosprache Zeit hat, ihre volle potentielle Wirkung auf Ihr Gehirn und Ihr Nervensystem auszuüben. Dann können Ihre Muskeln und Ihr Skelett – wie Sie es bereits erlebt haben – die Signale aufnehmen, die Sie brauchen, um sich ohne Einfluß des Willens, als Folge dessen, was Sie lesen, zu reorganisieren.

Wenn Sie normale Füße haben, weisen diese Zehen und in den Zehen Knochen mit Gelenken auf. Dort, wo Ihre Zehen in den Fuß übergehen, wird er zu einer fleischigen Masse, und in dieser Masse befinden sich weitere, größere Knochen, die sich durch Ihren ganzen Fuß hindurch bis zur Ferse erstrecken. Auch Ihre Fersen enthalten Knochen, die sich aber in ihrer Form weitgehend von den Knochen in Ihren Zehen und im übrigen Fuß unterscheiden.

Oberhalb Ihrer Ferse befindet sich natürlich Ihr Knöchel. Ihr Knöchel weist seine eigene, recht komplexe Knochenstruktur auf, und über alldem beginnen die langen Knochen Ihrer unteren Beine. Die Unterschenkel sind viel länger als Ihr Fuß, sie erstrecken sich über eine beträchtliche Distanz Ihres Körpers – von Ihren Knöcheln bis zu Ihren Knien.

Ihre Knie weisen ihre eigene, recht komplexe Struktur und einen größeren Bewegungsspielraum als Ihre Knöchel auf. Dies liegt zum Teil darin begründet, daß nicht nur Ihre Beine unterhalb der Knie recht lang sind, sondern auch Ihre Beine oberhalb der Knie. Ihre Beine oberhalb der Knie, die Oberschenkel, sind wahrscheinlich erheblich berührungsempfindlicher als Ihre Unterschenkel. Wenn Sie mit den Fingern einen Oberschenkel entlangfahren und dabei ein wenig mit den Fingernägeln ins Fleisch drücken, werden Sie wahrscheinlich feststellen, daß die Empfindungen stärker sind – und vermutlich auch erheblich lustvoller –, je mehr Sie sich Becken und Gesäß nähern.

An der Vorderseite Ihres Körpers befinden sich die Schamregion, Ihr Unterbauch, und dann stoßen Sie – *während Ihr Bewußtsein Ihren Körper emporwandert* – auf den Nabel. Hinter Ihrem Nabel liegt der untere Teil Ihrer Wirbelsäule. Ihre Wirbelsäule erstreckt sich von Ihrem Steißbein, das mit Ihrem Becken verbunden ist, aufwärts durch Ihren gesamten Körper. Sie ist aus vielen Wirbelknochen unterschiedlicher Größen zusammengesetzt. Oberhalb des Nabels beginnt die Region, die Sie als Ihre Taille bezeichnen, und darüber liegen Ihre Rippen.

Wenn Sie stehen, hängen ein wenig unterhalb Ihrer Taille und viel tiefer als Ihre Rippen Ihre Hände mit den Fingern. Sie weisen eine gewisse Ähnlichkeit mit Ihren Zehen auf, ebenso wie Ihre Handgelenke und Arme stark an Ihre Knöchel und Beine erinnern. Oberhalb Ihrer Handgelenke befindet sich das, was Sie Ihre Unterarme nennen. Sie reichen bis zu den Ellbogen. Sie nehmen zweifellos wahr, daß Ihre Rippen etwa in derselben Höhe beginnen, wo Ihre Unterarme in die Ellbogen münden. Dann folgen die Oberarme und an ihrem oberen Ende die Schultergelenke und Schultern.

Ihre Rippen – und Ihr Brustkorb – umgeben einen großen Teil Ihres Oberkörpers. Sie schützen eine Reihe lebenswichtiger Organe. Sie haben viele Rippen, *und wenn Ihr Bewußtsein sich Ihren Körper empor zu Ihrer Brust und*

Ihren Achselhöhlen begibt, sollten Sie spüren können, daß Ihre Rippen sich mit Ihrem Atemrhythmus ausdehnen und wieder zusammenziehen. Falls Ihr Wahrnehmungsvermögen einwandfrei funktioniert, werden Sie die Bewegungen Ihrer Rippen bis zu einem gewissen Grad an der Vorderseite Ihres Körpers, aber deutlich an den Seiten und im Rücken spüren.

Der Brustkorb und die Brüste werden in der Regel recht deutlich wahrgenommen. Ihr Gespür für Ihre Brüste wird abhängig von Größe und Form in unterschiedlicher Körperhöhe lokalisiert sein. Gleich oberhalb und seitlich Ihres Brustknochens sitzen Ihre Schultern samt Schultergelenken. Vielleicht sind Sie sich auch Ihrer Schulterblätter bewußt. Ihre Wirbelsäule erstreckt sich über den Raum zwischen Ihren Schultern hinaus bis in den Nacken und hinter Ihren Kieferknochen in Ihren Schädel hinein. In Ihrem Hals verläuft nicht nur die Wirbelsäule, sondern auch Ihre Speiseröhre, deren Vorhandensein Ihnen – wenn schon nicht sonst – immer dann bewußt wird, wenn Sie essen oder trinken. Immer dann, wenn Ihnen Ihre Speiseröhre bewußt wird, spüren Sie wahrscheinlich auch das Innere Ihres Mundes, und vielleicht auch Ihre Kieferknochen.

Ihr Gespür für das Innere Ihres Mundes umfaßt sehr wahrscheinlich auch den Mundboden und die Mundoberseite, die Innenseiten Ihres Mundes, Ihre Zähne und Ihre Zunge. Von allen Teilen des menschlichen Körpers werden in den meisten Fällen die Lippen am deutlichsten wahrgenommen. Das Gefühl in den und für die Lippen ist deshalb so ausgeprägt, weil sie an Tätigkeiten beteiligt sind, die sowohl für das Überleben als auch für die

Befriedigung der grundlegenden und stärksten emotionalen Bedürfnisse von größter Bedeutung sind: Nahrungsaufnahme, Kommunikation mit anderen Menschen durch Sprechen und Liebesgebaren. Sie bemerken vielleicht sogar jetzt, während Sie lesen, wie deutlich Ihre Lippen in Ihrem Körperbild repräsentiert sind – in Ihrem Körper, wie Sie ihn wahrnehmen.
Oberhalb Ihrer Lippen befinden sich weitere Teile Ihres Körpers, die sehr wichtig sind. Zum Beispiel Ihre Nase, die zum Atmen und zum Riechen unverzichtbar ist. Und Ihre Ohren, ohne die Sie nicht hören könnten. Und Ihre Augen, ohne die Sie keine visuelle Kenntnis von Ihrer Welt besäßen und ohne die Ihre Vorstellungen und Erinnerungen ganz anders wären.
Aufgrund der großen Bedeutung dieser Teile unseres Körpers, die sich in unserem Kopf befinden, besitzen wir in der Regel ein sehr klares Wahrnehmungsbild von unserem Gesicht und Kopf als Ganzem, verglichen mit den meisten übrigen Körperteilen. Auch die übrige Außenseite Ihres Kopfes – die Stirn und jene Teile des Kopfes, die in der Regel mit Haaren bedeckt sind – wird allgemein recht deutlich wahrgenommen, aber in den meisten Fällen nicht so deutlich wie das Gesicht. Dies liegt zum Teil daran, daß das Fleisch über dem Schädel nicht sehr dick oder empfindsam ist.
Ihr Schädel bietet dem wichtigsten einzelnen Organ des menschlichen Körpers Platz und Schutz – dem Gehirn. Andere Körperteile mögen ebenso wichtig fürs Überleben sein, aber kein anderer Teil ist so wichtig für die Art und Weise, wie wir unser Leben leben.
Das Gehirn innerhalb Ihres Schädels ist – obwohl Sie dies

nicht wahrnehmen – in zwei Hemisphären unterteilt. Beide Gehirnhälften haben einen außerordentlich komplexen Aufbau, und in ihnen finden unablässig elektrische und chemische Aktivitäten statt. Wenn man das Gehirn von oben betrachtet, sieht man einen Einschnitt, das *Corpus callosum.* In den Lehrbüchern steht zwar, daß Sie Ihr Gehirn nicht wahrnehmen können, aber wenn Sie Ihr Bewußtsein eine Zeitlang auf das Gehirn konzentrieren, stellt sich dennoch das Gefühl ein, daß Sie Ihr Gehirn wahrnehmen können, und manchmal sogar recht deutlich. Ob die Konzentration ein Bild vom Gehirn erzeugt oder auch nur die Frage, weshalb man dieses Gefühl einer Wahrnehmung hat, ist noch nicht ganz geklärt.

Sie können die Konzentration auf den Ort, wo Ihr Gehirn sitzt, leicht beibehalten, wenn Sie sich vorstellen, daß Ihre Augen in den Raum Ihres Gehirns hinaufschauen und Sie Ihren Blick kreisen lassen. Sie können sich vorstellen, wie Ihr Blick horizontal kreist, vertikal oder diagonal, in allen Kreisarten, in Kreisen in verschiedenen Richtungen.

Sie können sich auch vorstellen, in den Raum, den Ihr Gehirn einnimmt, hineinzuatmen. Oder Sie stellen sich vor, Ihren Atem in die linke Hälfte Ihres Gehirns oder in die rechte Hälfte Ihres Gehirns zu schicken oder in das Gehirn und über den zerebralen Einschnitt hinaus zu atmen. Sie können sich vorstellen, durch Ihr Gehirn hindurch, hinauf unter Ihr Schädeldach und sogar darüber hinaus zu atmen. Wenn Sie in den Raum Ihres Gehirns und in Ihren Schädel atmen, können Sie sich vorstellen, daß Ihr Schädelgewölbe sich erhöht, während

Sie in es hineinatmen. Oder Sie atmen geradewegs durch Ihr Schädeldach, und Ihr Atem setzt sich oberhalb Ihres Schädels fort. Ihr Atem geht durch Ihr Gehirn und das Schädeldach, höher und höher, so weit, wie Sie durch Ihr Gehirn hindurch und darüber hinaus atmen möchten. Lassen Sie sich ein paar Sekunden Zeit, um über das Gelesene nachzudenken.

Nun, wenn Sie diesen Abschnitt gelesen haben, stehen Sie bitte auf, und achten Sie darauf, wie Sie stehen, und vergleichen Sie diese Empfindungen mit denjenigen, die Sie hatten, bevor Sie diese Übung durchlasen. Dann gehen Sie umher, und vergleichen Sie Ihre Empfindungen beim Gehen mit demjenigen, was Sie bei Ihrem Umhergehen zu Beginn dieses Kapitels empfanden. Danach kehren Sie auf Ihren Stuhl zurück, und lesen Sie den nachfolgenden Abschnitt. Machen Sie diese Beobachtungen jetzt. Was haben Sie beobachtet? Wie steht es mit der Empfindung Ihrer Körpergröße und der Art, wie Ihr Körper gestützt wird, besonders Ihr Oberkörper? Wie haben Sie Ihren Kopf gehalten, und wohin haben Ihre Augen geschaut? Welches waren Ihre Gefühle in bezug auf Ihr Gewicht oder Ihre Leichtigkeit, und wie war die Art des Kontaktes, den Ihre Füße mit dem Boden hatten, während Sie gingen? Fühlte Ihr Kopf sich beim Gehen so an, als schwebe er im Raum? Manchmal – wenn der Körper sich gehoben anfühlt – kommt es sogar vor, daß auch die Emotionen oder die Stimmung gehoben erscheinen. Haben Sie etwas von der beschriebenen Art empfunden? Was haben Sie sonst noch gefühlt? Gehen Sie noch ein wenig umher, wenn Sie glauben, etwas vergessen zu haben.

7 Eine Hand, um damit zu berühren – eine Hand, um damit berührt zu werden

Wie Sie sich selbst überzeugen konnten, können Sie nach Abschluß jeder Neurosprache-Übung den Körperteil, über den Sie gelesen haben, deutlicher wahrnehmen, und Sie können ihn leichter bewegen. Je mehr von diesen Übungen Sie ausführen, desto größer ist die Wahrscheinlichkeit, daß die durch sie hervorgerufenen Veränderungen von Dauer sind und daß sich zusätzliche Verbesserungen einstellen. Das Potential für geniale Leistungen besteht in jedem menschlichen Gehirn, und es könnte aktiviert werden, wenn nur das Gehirn ausgelastet und wirksam genutzt würde. Die Lektüre dieses Buchs wird Ihr Potential wahrscheinlich nicht so weitgehend aktivieren, aber sie gibt Ihnen einen Anstoß in diese Richtung. Die Übungen bewirken, daß Gehirnzellen »aufgetaut« oder von Hemmungen befreit werden, die »tiefgefroren« in der motorischen Hirnrinde liegen. Somit wird ein größerer Teil Ihres Gehirns aktiv, und zwar nicht nur in Ihrer motorischen Hirnrinde, sondern auch in angrenzenden Arealen Ihres Gehirns, die mit Funktionen des Denkens und des Fühlens zu tun haben.

Die Wirkungen steigern sich gegenseitig, während die »Arbeit« fortschreitet. Sie verbessern nicht nur den Zustand Ihres Gehirns und nutzen es besser, Sie verbessern darüber hinaus Ihr Körperbild – das heißt, Ihre Wahrnehmung Ihres Körpers wird deutlicher und zutreffender. Während dies geschieht, erfahren Sie genauer, was dasjenige, das Sie tun, eigentlich ist. Dann werden Sie weniger ungeschickt, gehen weniger unwirtschaftlich mit Ihren Energiereserven um und neigen weniger zu Unfallverletzungen. Ihr Körper ist weniger geneigt, muskuläre Prägungen beizubehalten, die von psychischem und emotionalem Streß herrühren, so daß Sie tatsächlich weniger leicht gestreßt werden. Während Ihre Wahrnehmung sich verbessert und Ihr Körpereinsatz sich verbessert, werden Sie außerdem weniger anfällig für jene Symptome des Körpermißbrauchs, die man oft fälschlicherweise dem Altern zuschreibt. Auf die Praxis bezogen bedeutet dies, daß Sie langsamer und würdevoller altern, als es der Fall wäre, wenn Sie es versäumen würden, Ihr Bewußtsein zu erhöhen und Ihren Körper im Licht dieses Bewußtseins zu nutzen.

So dünn dieses Buch auch sein mag und obwohl es Ihnen nur Anweisungen für die »Arbeit« an einigen wenigen Teilen Ihres Körpers gibt, kann es Sie doch entscheidend – und wohltuend – verändern. Es gibt Ihnen die Möglichkeit, Ihr Bewußtsein zu erweitern und Ihren Körper mit einem weitaus größeren Bewegungs-, Empfindungs- und Lusterfahrungspotential zu nutzen, als Sie es vorher für möglich gehalten hätten. Sie können auf dieser Grundlage fortfahren, diese Möglichkeiten weiterzuentwickeln und größeren Nutzen zu erzielen. Aber Sie können nichts tun, bevor Sie den Weg gezeigt bekommen haben, und dies ist es, was jetzt, da Sie dieses Buch lesen und »ausführen«, geschieht.

Vielleicht sind Sie inzwischen bereits daran gewöhnt, sich auf jede Übung vorzubereiten, indem Sie Ihre Füße 25 bis 30 Zentimeter voneinander entfernt flach und parallel auf den Boden stellen. Sie wurden gebeten, sich so hinzusetzen, daß Ihre Bewegungen beim Lesen minimal sind. Das Kapitel, das Sie gerade lesen, bringt ein kleines Problem mit sich, dem wir bisher noch nicht begegnet sind. Sie werden jetzt über Ihre linke Hand lesen, und dieses Lesen wird verschiedene Veränderungen in Ihrer Erfahrung von Ihrer linken Hand und in der Fähigkeit Ihrer linken Hand mit sich bringen, zu empfinden und sich zu bewegen. Aber Sie müssen Ihre Hände auch dazu benutzen, um Ihr Buch festzuhalten oder zumindest, um die Seiten Ihres Buchs umzuwenden. Bemühen Sie sich deshalb, Ihre Wahrnehmung bei der Benutzung Ihrer Hände zum Berühren des Buchs oder anderer Dinge in Ihrer Umgebung so gering wie möglich zu halten. Jedes Bewußtsein in bezug auf Ihre linke Hand sollte so ausschließlich wie möglich von den Wörtern, die Sie lesen, bestimmt werden.

Am Ende dieses Abschnitts sollten Sie die beschriebenen Tätigkeiten ausführen. Dies wird Ihnen die Grundlage für einen Vergleich zwischen Ihrer Hand, wie sie jetzt ist, und Ihrer Hand, wie sie sein wird, vermitteln. Nun schauen Sie sich für einen Augenblick Ihre Hände an, wie sie parallel zueinander, die Handinnenseiten nach unten und eine wie das Spiegelbild der anderen, dort liegen. Beachten Sie so vieles wie möglich im Zusammenhang mit dem Aussehen Ihrer Hände, und vergleichen Sie sie miteinander. Dann erkunden Sie mit der linken Hand Oberschenkel und Knie Ihres linken Beines und achten Sie auf das, was Sie fühlen. Danach führen Sie das gleiche mit Ihrer rechten Hand und mit dem rechten Bein und Knie aus. Benutzen Sie Ihre linke Hand auch, um Ihre rechte Hand, Ihren rechten Arm und dann Ihren rechten Ellbogen zu erkunden, während Sie Ihren rechten Arm beugen und strecken, damit Ihre linke Hand fühlt, wie Ihr Ellbogen sich beugt. Dann benutzen Sie Ihre rechte Hand, um Ihre linke Hand, den linken Arm und dann den linken Ellbogen zu ertasten, während er sich bewegt. Danach legen Sie Ihre Hände so symmetrisch wie möglich vor sich auf den Tisch. Tun Sie dies jetzt, und dann gehen Sie zum nächsten Abschnitt über.

Denken Sie daran: Was Sie jetzt tun, ist für Ihr Gehirn noch ungewohnt, aber es lernt gewiß. Wenn Ihr Gehirn schließlich erfahrener geworden ist, wird es bestimmt schneller funktionieren. Aber für den Augenblick ist es nötig – wie bereits gesagt wurde –, daß Sie langsam und sorgfältig lesen und sich bewußt auf das Gelesene konzentrieren. Auch hier wird es Ihnen helfen, wenn Sie zwischen den Sätzen eine oder zwei Sekunden Pause einlegen, damit das Gelesene Zeit hat, einzusinken und einzuwirken.

Wir werden uns jetzt einigermaßen ausführlich mit Ihrer linken Hand befassen. Diese Hand beginnt an Ihrem Handgelenk. Im Inneren der Hand befinden sich Knochen, die sich bis an die Wurzeln Ihrer Finger erstrecken. Die Innenseite Ihrer linken Hand ist beinahe verschwenderisch mit Nervenenden ausgestattet. Diesem Umstand verdankt Ihre linke Hand eine große Tastempfindlichkeit. Die Oberseite Ihrer linken Hand ist weitaus weniger sensitiv. Sie muß nicht so empfindlich wie Ihre linke Innenhand sein, da sie nicht so häufig zum Berühren benutzt wird. Sie muß weder erkunden, was auch immer Ihre linke Hand berührt, noch einen anderen Körper mit Empfindungen versorgen.
Aus entsprechenden Gründen sind die Unterseiten der Finger Ihrer linken Hand empfindlicher als die Oberseiten. Die Fingerinnenseiten sind empfindlicher als die Oberseiten der Finger, aber weniger empfindlich als die Unterseiten. Ihre linke Hand weist natürlich fünf Finger auf. Oder, wenn Sie diese Bezeichnungen vorziehen, vier linke Finger und einen linken Daumen. Sie nehmen vermutlich wahr, daß Ihr Daumen einen größeren Umfang als Ihre übrigen Finger aufweist, insbesondere grö-

ßer als Ihr linker kleiner Finger ist. Wahrscheinlich sind Sie auch fähig, die unterschiedlichen Längen der Finger Ihrer linken Hand wahrzunehmen und deutlich zu bemerken, daß Ihr linker Mittelfinger der längste ist.
Wenn Sie die Finger Ihrer linken Hand nicht zusammenlegen, bestehen Zwischenräume zwischen ihnen. Die Zwischenräume zwischen den Fingern zu beiden Seiten Ihres Mittelfingers sind sehr wahrscheinlich fast gleich groß. Der Zwischenraum zwischen Ihrem linken kleinen Finger und Ihrem linken Ringfinger hingegen unterscheidet sich vermutlich von dem Zwischenraum zwischen Ihrem linken Zeigefinger und Ihrem linken Daumen.
Sie können die Gelenke der Finger Ihrer linken Hand leicht wahrnehmen, indem Sie die Finger zu einer Faust ballen und sie dann wieder ausstrecken, und Sie können dies wiederholt tun, sie rasch beugen und wieder ausstrecken, und sie langsam beugen und wieder ausstrekken. Sie können Ihre Finger auch heben und senken, entweder alle zugleich oder einzeln, wie Sie es tun würden, wenn Sie mit Ihrer linken Hand und Ihren linken Fingern Klavier spielten.
Auf Grund der regelmäßigen Bewegungen ist die linke Hand eines Pianisten wahrscheinlich beweglich und empfindsam. Sie können sich zweifellos vorstellen, wie beweglich Ihre linke Hand wäre, wenn Sie als Konzertpianist regelmäßig Klavier spielen würden. Auch Ihre linke Hand könnte außerordentlich sensitiv und vielleicht auch außerordentlich beweglich sein, wenn Sie zum Beispiel daran gewöhnt sind, mit den Körpern anderer Menschen zu arbeiten, wie es bei den Ausübenden verschiedener Heilberufe der Fall ist. Dann würde Ihre linke

Hand nicht nur die Oberfläche eines anderen Körpers berühren, sondern auch tief in ihn hineinfühlen und weitaus tiefer und intensiver berühren, als es für Hände sonst üblich ist. Vielleicht haben Sie eine linke Hand dieser Art.

Sie können darauf hinarbeiten, eine derart sensitive Hand zu besitzen, indem Sie mit ihr Ihr linkes Bein hinauf- und hinabstreichen und sie dazu benutzen, Ihr linkes Bein so intensiv wie möglich zu ertasten, während Sie es berühren. Sie können Ihre linke Hand benutzen, um Ihr linkes Knie zu erkunden, und versuchen, mit Ihrer linken Hand so eingehend wie möglich die Knochen Ihres Knies zu ertasten. Dann können Sie, wenn Sie Ihr linkes Bein beugen und strecken, intensiver ertasten, was in Ihrem linken Knie geschieht.

Es gibt vieles, was Sie tun können, um die Sensibilität Ihrer linken Hand zu erhöhen, um Ihre linke Hand in Ihrem Körperbild lebendiger zu machen und um die Funktionen Ihrer linken Hand auf vielerlei Arten zu verbessern. Eine Verbesserung stellt sich zum Beispiel ein, wenn Ihr Bewußtsein auch bei einfachen Ausführungen Ihrer linken Hand konzentriert bleibt. Sie können zum Beispiel die oberen Enden Ihrer drei mittleren Finger auf dem Tisch liegenlassen, während Sie mit dem Ballen Ihrer linken Hand auf den Tisch klopfen. Sie können mit dem Ballen Ihrer linken Hand rhythmisch ein-, zwei-, drei- oder viermal auf den Tisch klopfen. Oder Sie können den Ballen Ihrer linken Hand auf dem Tisch liegenlassen und mit der Innenhand und den Fingern Ihrer linken Hand rhythmisch ein-, zwei-, drei- oder viermal auf den Tisch klopfen. Sie können den Ballen Ihrer

Hand liegenlassen und die Finger Ihrer linken Hand hin- und hergleiten lassen. Oder Sie können Ihre Finger liegenlassen und den Ballen und die Innenfläche Ihrer linken Hand hin- und hergleiten lassen. Sie können auch Ihre linke Hand einfach vor- und zurückgleiten lassen, oder Sie lassen Ihre linke Hand auf dem Tisch oder einer anderen Oberfläche hin- und hergleiten. Oder Sie beschreiben mit der Innenfläche Ihrer linken Hand Kreise, lassen sie im Uhrzeigersinn und dann entgegen dem Uhrzeigersinn kreisen. Sie können mit Ihrer linken Hand kleine Kreise ausführen, und Sie können große Kreise beschreiben. Sie können rasche Kreise ziehen, und Sie können langsame Kreise ziehen. Sie können alle möglichen Arten von Kreisen ausführen, verschiedene Variationen von langsam und schnell, im Uhrzeigersinn und entgegen dem Uhrzeigersinn. Immer mit Ihrer linken Hand Kreise ausführen und wahrnehmen.

Sie haben vermutlich bereits erfahren, wie es ist, wenn Ihre linke Hand für eine Weile in kaltem Wasser lag, und daß die Hand zunehmend tauber wurde, je länger sie sich im Wasser befand. Ihre linke Hand weiß auch, wie sich heißes Wasser anfühlt. Ihre linke Hand weiß, wie es sich anfühlt, Eis zu halten oder zu berühren. Sie weiß auch, wie es sich anfühlt, etwas Heißes zu halten oder zu berühren.

Ihre linke Hand weiß, wie Fell sich anfühlt – wie sich Fell auf der Innenfläche und auf der Rückseite der Hand und zwischen den Fingern der linken Hand anfühlt. Ihre linke Hand weiß, wie Federn sich anfühlen und wie Leder sich anfühlt oder ein einfaches Baumwollgewebe. Ihre linke Hand hat vermutlich schon einmal Samt berührt, und sie weiß, wie Satin sich anfühlt oder Seide. Ihre linke Hand weiß, wie es sich anfühlt, die Rinde eines Baumes zu berühren oder ein Blatt oder Gras. Ihre linke Hand weiß, wie Sandpapier sich anfühlt und nasses Glas und poliertes Holz. Ihre linke Hand kann sich erinnern, wie es sich anfühlt, Metallstücke zu umfassen. Ihre linke Hand weiß, wie es sich anfühlt, menschliche Haut zu berühren und wie viele unterschiedliche Empfindungen Ihre linke Hand bei der Berührung menschlicher Haut haben kann.

Sie können Ihre linke Hand dazu benutzen, etwas über die Oberfläche zu erfahren, die sie berührt, aber Sie können die meisten Oberflächen auch dazu benutzen, Empfindungen in Ihrer linken Hand auszulösen. Um es noch einmal zu sagen, Ihre linke Hand, die Handinnenseite und die Unterseiten der Finger Ihrer linken Hand sind in sehr reichlichem Maß mit Tastnervenenden ausgestattet. Deshalb können Sie Teile Ihrer linken Hand sehr stimulieren, so daß die Hand außerordentlich sensitiv und auch stark mit Energie versorgt wird. Es ist diese Energie Ihrer linken Hand, die eine andere Person in Form von Wärme wahrnimmt, wenn Sie zum Beispiel mit einer Heiltätigkeit befaßt sind. Sie können mit Ihrer linken Hand so viel Energie übermitteln, daß die Hitze sich beinahe so anfühlen würde, als könnte sie Ihren eigenen Körper oder den Körper eines anderen verbrennen.

In einer entsprechenden Situation kann Ihre linke Hand etwas aufnehmen und auch übermitteln, was eindeutig als sexuelle Energie spürbar ist. Die Innenhand und die Finger können sich derart mit Energie aufladen, daß sie

sich zumindest ein wenig orgasmisch anfühlen, und dann könnte Ihre Hand entsprechende Gefühle in beinahe jedem Körperteil eines anderen Menschen hervorrufen, wenn Ihre Hand diesen Körper zärtlich berühren würde. Wenn Sie eine solche Möglichkeit erst einmal erfahren haben, können Sie andere Oberflächen dazu benutzen, andere Empfindsamkeiten und andere Energiearten in Ihrer linken Hand zu erwecken. Ob es sich hierbei um heilende oder sexuelle Begierden oder andere Energien handelt; Ihre Hand wird so empfindsam, daß sie sich nicht länger ganz fest anfühlt, sondern vielmehr so, als wäre sie aus fließenden oder tanzenden Partikeln zusammengesetzt. Wenn Ihre linke Hand derart mit Energie versehen ist, werden Sie die Energie in Ihrer ganzen linken Hand wahrnehmen und nicht nur in der Innenhand und an den Unterseiten der Finger.
Wenn Ihre Hand diesen Grad an Verfeinerung und Gefühl erlangt hat, kann sie wahrhaft tief in andere Körper hineinfühlen, und sie kann ihre Energien auch tief in andere Körper schicken. *Ihre linke Hand kann so werden.*

Führen Sie bitte, nachdem Sie diesen und den nächsten Abschnitt gelesen haben, die folgenden Anweisungen aus, am besten mit geschlossenen Augen. Erstens, vergleichen Sie Ihr Gefühl für Ihre linke Hand mit Ihrem Gefühl für Ihre rechte Hand. Sie sollten auch Ihr Gefühl für Ihre linke Schulter mit Ihrem Gefühl für Ihre rechte Schulter vergleichen und darauf achten, wie die linke Seite Ihres Beckens im Vergleich zur rechten Seite gelagert ist und wie Sie Ihren linken Fuß und sein Gefühl für den Boden, verglichen mit Ihrem rechten Fuß, wahrnehmen. Benutzen Sie die Innenfläche und die Finger Ihrer linken Hand dazu, Ihr linkes Bein und

Knie zu erkunden. Danach verwenden Sie die rechte Hand dazu, Ihr rechtes Bein und Knie zu erkunden, und dann vergleichen Sie beide Erfahrungen miteinander. Berühren und erkunden Sie auch Ihre rechte Hand mit der linken, und dann benutzen Sie Ihre rechte Hand dazu, Ihre linke zu berühren und zu erkunden, und achten Sie darauf, wie verschieden die Berührungen Ihrer rechten und Ihrer linken Hand sind. Ihre linke Hand wird beinahe mit Sicherheit auf eine Art und Weise berühren, die ein Gefühl der Verfeinerung erzeugt und mehr Kenntnisse vermittelt, als die Berührung Ihrer rechten Hand es vermag. Und wenn Ihre rechte Hand Ihre linke Hand erkundet, wird sie etwas berühren, das feiner als sie selbst ist.

Stützen Sie bitte Ihren rechten Ellbogen in die Innenseite Ihrer linken Hand, und dann beugen und strecken Sie Ihren rechten Arm, und befühlen Sie den Ellbogen mit der linken Hand. Dann lassen Sie Ihre rechte Hand Ihren linken Ellbogen fühlen, während Sie Ihren linken Arm beugen und strecken. Vergleichen Sie beide Erfahrungen miteinander. Danach stehen Sie auf, gehen Sie umher und vergleichen Sie Ihr Bewußtsein für Ihre linke Hand und den linken Arm mit der rechten Hand und dem rechten Arm. Dann erkunden Sie auf andere Arten, wie Ihre linke Hand das wahrnehmen kann, was sie berührt, wenn sie ihrem sensitiven Potential ein wenig näher gekommen ist.

8 Eine Zunge für alle Gelegenheiten

Noch einmal: Setzen Sie sich wie zuvor bequem auf Ihren Stuhl, und stellen Sie die Füße flach auf den Boden, parallel und mit einem Abstand von etwa 25 bis 30 Zentimetern. Sorgen Sie nach Möglichkeit dafür, daß Sie nicht unterbrochen oder auf eine andere Weise gestört werden, und denken Sie daran, daß die Qualität der Aufmerksamkeit, die Sie beim Lesen aufbringen – der Grad Ihrer Konzentration, während Sie langsam und sorgfältig lesen –, mehr als alles andere darüber entscheidet, wieviel Sie durch diese Übung gewinnen. Machen Sie in dem Augenblick, in dem Sie dazu aufgefordert werden, Ihre entsprechenden Beobachtungen, damit Sie Ihren jetzigen Zustand mit dem vergleichen können, was Sie am Ende Ihrer Arbeit wahrnehmen und tun.

Aber als erstes sollte ich darauf hinweisen, daß die Muskeln der Zunge sehr häufig angespannt sind. Eine solche chronische Anspannung der Zunge hat mehrere nachteilige Folgen – unter anderem können sich Kopf und Hals nicht so frei bewegen, wie sie sollten, sind die Augenbewegungen gehemmt und können zu Überanstrengungen der Augen führen, und wahrscheinlich kommt es auch zu Störungen beim Sprechen und Atmen. In manchen Fällen sind auch die Mundbewegungen betroffen, mit dem Ergebnis, daß man nicht richtig essen und trinken kann. Spannungen in der Zunge können zu Spannungen im Kiefer beitragen, zu Zahnproblemen und zu Kopfschmerzen. Sogar die Bewegungen der Wirbelsäule im oberen und unteren Rücken können als Folge einer chronischen Anspannung der Zunge beeinträchtigt sein.

Wenn die Zunge frei ist, liegt sie breit und flach im Mund, und die Spitze der Zunge ragt in sehr geringem Maß zwischen den oberen und den unteren Zähnen hervor. Wenn die Zunge genügend frei ist, bewegt sie sich entsprechend den Bewegungen von Augen, Hals und Kopf. Wenn die Augen nach rechts wandern, geht auch die Zunge nach rechts. Wenn der Kopf nach rechts gedreht wird, bewegt sich auch die Zunge nach rechts, ebenso wie die Augen, wenn keine Hemmung der Augenbewegungen vorliegt. Ebenso folgen Zunge und Augen dem Kopf und Hals bei Auf- und Abwärtsbewegungen oder allen übrigen Kopf- und Halsbewegungen.

Diese Koordination bedeutet, daß die Zunge sich sogar in die Richtung unserer Gedanken oder unserer Aufmerksamkeit bewegt. Wenn ein Mensch an etwas denkt, das rechts von ihm ist, bewegt sich seine Zunge unwillkürlich in die rechte Seite seines Mundes. Wenn jemand an etwas links von sich denkt oder seine Aufmerksamkeit darauf richtet, bewegt sich seine Zunge ganz unwillkürlich – und in der Regel ganz unbewußt – in die linke Mundseite. Dies geschieht, wenn der Körper sich so bewegt, wie er sollte. Der Grund für diese Bewegungen ist der, daß Kopf und Augen immer dazu tendieren, sich in die Richtung zu bewegen, an die gedacht oder der Aufmerksamkeit geschenkt wird. Die Muskelbewegungen in Hals und Augen mögen sehr gering sein, aber sie reichen aus, um zu den größeren Bewegungen der Zunge zu führen, die sie in die rechte oder linke Mundseite, auf die Mundunterseite oder die Mundoberseite bringen.

Nun lassen Sie sich eine oder zwei Minuten Zeit, und achten Sie darauf, wie Ihre Zunge liegt und was sie tut, wenn Sie Ihren Kopf nach rechts oder links wenden oder wenn Sie nur Ihre Augen

nach rechts oder links wenden. Wenn Ihre Zunge Ihre Kopf- und Augenbewegungen nicht entsprechend mitmacht, dann ist nicht nur Ihre Zunge chronisch verspannt, sondern sie beeinträchtigt auch Ihre Kopf- und Augenbewegungen. Wenn Ihre Zunge sich zugleich mit Ihrem Kopf und Hals bewegt, halten Sie sie in der Mitte Ihres Mundes fest, und Sie werden rasch bemerken, wie dieses Festhalten Ihre Augen anspannt und die Beweglichkeit Ihres Kopfes und Halses beeinträchtigt, wenn Sie Ihren Kopf mehrmals von links nach rechts und umgekehrt drehen.
Falls Ihre Zunge in der Mundmitte bleibt, wenn Sie Kopf und Augen zur Seite drehen, dann versuchen Sie, Ihre Zunge entgegengesetzt zu den Drehungen Ihres Kopfes und Ihrer Augen zu bewegen, so daß Ihre Zunge nach links wandert, wenn Sie Kopf und Augen nach rechts wenden. Dies wird Ihnen die Wechselbeziehung zwischen Ihrer Zunge, Ihren Augen und Ihren Halsmuskeln bewußtmachen.
Beobachten Sie auch, ob Sie das Gefühl haben, daß Ihre Zunge breit und flach im Mund liegt, und ob die Spitze Ihrer Zunge ein wenig in den Zwischenraum zwischen den oberen und den unteren Zähnen hineinragt und in welchem Maße Sie das Gefühl haben, die gesamte Oberfläche Ihrer Zunge wahrnehmen zu können, und vielleicht noch mehr als die Oberfläche. Dann drehen Sie den Kopf mehrmals nach rechts, um eine Ahnung davon zu bekommen, wie es sich anfühlt, wie leicht und wie rasch Ihr Kopf sich dreht, ohne daß ein Gefühl von Spannung oder Zwang aufkommt. Nun bewegen Sie Ihre Zunge in Ihrem Mund von einer Seite zur anderen, beobachten Sie diese Bewegungen und achten Sie darauf, wie sie beeinflußt werden, wenn Sie Ihren Mund leicht öffnen, dann ein wenig mehr und noch ein wenig mehr, bis Sie einen Punkt erreicht haben, an dem die Bewegungen, Ihrer Zunge nicht länger durch das Öffnen Ihres Mundes

unterstützt werden, sondern durch die Anspannung Ihres Mundes und Ihres Kiefers blockiert werden durch den Versuch, Ihren Mund über das Maß hinaus zu öffnen, in dem dies bequem möglich ist.
Und nun lesen Sie einfach – langsam und sorgfältig, und machen Sie, wie üblich, Pausen zwischen den Sätzen.

Die meisten Menschen sind sich ihrer Zunge – solange sie sie nicht aktiv und willkürlich bewegen – nur in geringem Maß oder gar nicht bewußt. Sie wissen nicht, wie ihre Zunge in ihrem Mund liegt oder wie sie richtig liegen sollte. Sie wissen nicht, ob sich ihre Zunge zugleich mit ihren Augen und ihrem Kopf bewegt, und auch nicht, daß es so sein sollte. Diese Tatsachen sind uns – wie so viele Grundtatsachen über den täglichen Gebrauch unseres Körpers – einfach nicht bekannt. Sie sind uns so wenig bekannt, daß uns nicht einmal unsere Unwissenheit in bezug auf Dinge bewußt ist, die ein gesunder und reibungslos funktionierender Organismus wissen würde. Sogar wenn Sie Ihre Zunge im Spiegel beobachten, schauen Sie wahrscheinlich nicht danach, ob sie so liegt, wie sie liegen sollte – ob sie breit und flach im Mund liegt oder ob sie verkürzt oder gebogen aussieht. Und Sie schauen vermutlich auch nicht nach, ob die Spitze Ihrer Zunge in der Ruhestellung zwischen Ihren oberen und unteren Zähnen hervorragt oder ob sie hinter Ihren Zähnen verbleibt.
Aber wenn Sie Ihrer Zunge genügend Aufmerksamkeit widmen, stellen Sie vielleicht fest, daß Sie sich in zunehmendem Maß ihrer Oberfläche bewußt werden – der Oberseite Ihrer Zunge, der rechten und linken Seite

Ihrer Zunge und der Unterseite Ihrer Zunge. Dann werden Sie sich möglicherweise ihrer Länge bewußt, ihrer Feuchtigkeit und vielleicht auch ihrer Wärme. Wahrscheinlich spüren Sie mehr Feuchtigkeit an der Unterseite Ihrer Zunge als auf ihrer Oberseite. Wenn Sie Ihrer Zunge genügend Aufmerksamkeit widmen – wenn Sie ihr zumindest für eine Weile Eintritt in Ihr Körperbild gestatten –, fühlt sie sich wahrscheinlich größer an.
Wie Sie zu beobachten aufgefordert wurden, können Sie den Spielraum und die Leichtigkeit Ihrer Zungenbewegungen zum Teil nachvollziehen, wenn Sie die Zunge im Mund von links nach rechts bewegen. Falls Sie diese Übung mit geschlossenem Mund ausführen, sind die Zungenbewegungen gering, und Sie werden vermutlich bemerken, daß die Wurzel Ihrer Zunge, von der die Bewegungen ausgehen, daran gehindert wird, größere Bewegungen auszuführen. Wenn Sie dann den Mund weiter und immer weiter öffnen, kann sich Ihre Zunge mehr, freier und leichter bewegen – bis zu dem Punkt, an dem Sie eine Anspannung im Kiefer spüren, wenn Sie sich zwingen, den Mund gewaltsam noch weiter zu öffnen. Dann werden Sie wiederum feststellen, daß Ihre Zungenbewegungen begrenzt und blockiert sind, wenn auch aus anderen Gründen.
Sie können Ihre Zunge benutzen, um das Innere Ihres Mundes auf vielfache Weise zu erkunden. Zum Beispiel kann Ihre Zunge über Ihren Gaumenbogen fahren und entdecken, daß Ihre Mundoberseite recht empfindlich für die Berührung Ihrer Zunge ist, vielleicht sogar ein wenig kitzlig. Sie stellen vielleicht fest, daß Ihre Zunge beim Umherwandern im oberen Teil Ihres Mundes mehr

Platz hat, als wenn sie den unteren Teil Ihres Mundes erkundet.
Wenn Ihre Zunge die Innenseite Ihrer linken Wange erforscht, berührt sie eine einigermaßen andersgeartete Oberfläche und hat überdies recht viel Platz zu erkunden. Die Seiten Ihres Mundes sind viel weicher und nachgiebiger als die Mundoberseite oder der Mundboden. Ihre linke Wange ist zum Beispiel vergleichsweise sehr weich. Sie läßt sich leicht ausdehnen und gibt nach, wenn die Zunge von innen dagegen stößt. Das gleiche gilt selbstverständlich für die rechte Seite Ihres Mundes, falls Sie sich dazu entschließen sollten, sie mit Ihrer Zunge zu erkunden.
Ihre Zunge kann recht reichhaltige und verschiedenartige Erfahrungen machen, wenn sie, eine nach der anderen, die Rückseiten Ihrer unteren Zähne erkundet. Ihre Zunge kann auch die Kronen bzw. die Spitzen Ihrer unteren Zähne untersuchen. Und sie kann, eine nach der anderen, die Vorderseiten Ihrer unteren Zähne erkunden und bemerken, daß die Empfindungen recht unterschiedlich sind, je nachdem, ob sie die Oberfläche der Vorderseiten, die Rückseiten oder die Spitzen Ihrer Zähne untersucht.
Und es ist eine deutlich unterschiedliche Erfahrung, ob Sie Ihre Zunge zur Erkundung der Rückseite Ihrer oberen Zähne benutzen und dann zur Vorderseite Ihrer oberen Zähne übergehen, indem Sie einen Zahn nach dem anderen mit Ihrer Zunge erforschen, oder ob Sie Ihre Zunge seitlich über die oberen Zähne hin- und hergleiten lassen, so daß ihre Bewegung an einen Scheibenwischer erinnert.

Sie können Ihre Zunge auch vor- und zurückbewegen und von links nach rechts, so daß die Unterseite Ihrer Zunge über die Spitzen Ihrer unteren Zähne gleitet, während die Oberseite Ihrer Zunge zugleich über die Spitzen Ihrer oberen Zähne fährt.
Sie können auch gleichzeitig die Innenseite Ihrer Oberlippe und die Außenseite Ihrer oberen Zähne mit der Zunge erkunden. Ebenso kann Ihre Zunge die Innenseite Ihrer Unterlippe und die Außenseite Ihrer unteren Zähne erkunden. Und Sie können Ihre Zunge vor- und zurückbewegen, so daß sie in einer ovalen Bewegung zuerst über Ihre Oberlippe und die oberen Zähne und dann über Ihre Unterlippe und unteren Zähne fährt. Sie können die Bewegung Ihrer Zunge nach links erweitern, so daß sie an die Innenseite Ihrer linken Wange stößt oder, wenn sie sich nach rechts bewegt, an die Innenseite Ihrer rechten Wange.
Sie können Ihre Zunge zurückziehen, so daß die Spitze Ihrer Zunge ein Stück hinter Ihre Zähne zurückweicht, und Sie können Ihre Zunge zurückziehen und wieder vorstrecken, bis sie an die Rückseiten Ihrer Zähne stößt. Oder Sie können Ihre Zunge so weit zurückziehen, wie es ohne allzu große Anspannung möglich ist, und sie wieder vorstrecken, so daß sie zwischen den Zähnen und zwischen den Lippen hervorkommt und sich sichtbar vor Ihnen erstreckt.
Sie können Ihre Zunge mehrmals auf diese Weise zurückziehen und vorstrecken; sie so weit zurückziehen, wie es ohne Anstrengung möglich ist, und sie dann so weit vorstrecken, wie es ohne Gewalt geht.
Sie können Ihre Zunge meßbar verlängern und frei-

geben, wenn Sie die Zungenspitze zwischen die Zähne nehmen und sehr vorsichtig darauf beißen. Dann können Sie die Zunge ein wenig weiter vorstoßen und wieder sanft darauf beißen, und dies mehrmals wiederholen, wobei Sie die Zunge jedesmal weiter ausstrecken und vorsichtig darauf beißen, um Ihren Fortschritt zu markieren. Wenn Sie auf diese Weise fortfahren und den Prozeß des ständig weiteren Ausstreckens Ihrer Zunge in winzigen Schritten ausführen, stellen Sie vielleicht fest, daß Sie dreißig oder vierzig dieser kleinen Schritte tun können, bevor Ihre Zunge so weit aus Ihrem Mund ragt, wie Sie sie herausstrecken können.

Wenn Sie diesen Prozeß dann wiederholen, können Sie möglicherweise fünfzig oder sechzig Abschnitte verzeichnen, wobei Ihre Zunge immer weiter aus dem Mund herauskommt, da Ihr Gehirn auf die Botschaft reagiert, die es empfängt, und Ihre Zunge befähigt, sich immer mehr zu verlängern.

Nachdem Sie diese Bewegungen eine Weile ausgeführt haben, könnte Ihre Zunge in der Tat merklich etwas länger sein, als sie es vor der Übung war. Wenn Sie Ihre Zunge dann in den Mund zurückholen und dort ruhen lassen, stellen Sie vielleicht fest, daß sie flacher und breiter geworden ist. Sie ragt möglicherweise auch ein Stückchen weiter zwischen Ihren Zähnen hervor, als Ihnen lieb ist, aber sie wird rasch wieder zu ihren alten Dimensionen zurückkehren, bis ihre Spitze nur noch ein wenig zwischen Ihren Zähnen hervorragt.

Was Ihre Zunge empfindet und wie Sie Ihre Zunge empfinden, kann sehr verschieden sein. Das hängt von Ihren Neigungen und Ihren Absichten bei der Benutzung Ihrer

Zunge ab. Zum Beispiel können Sie Ihre Zunge benutzen, um die Oberflächen zu ertasten, die Sie in der Absicht mit der Zunge berühren, etwas über diese Oberflächen zu erfahren, da Ihre Zunge geeignet ist, durch ihr Tasten die Beschaffenheit dieser Oberflächen zu enthüllen.

Aber Sie können Ihre Zunge auch in einer anderen Absicht benutzen, wenn Sie mit ihr über dieselben Oberflächen fahren: Sie können – während Sie die Oberflächen auf fast genau dieselbe Weise berühren – die Absicht verfolgen, zu erfahren, wie Ihre Zunge auf diese Oberflächen *anspricht* – also nicht, um zu erfahren, was Ihre Zunge berührt, sondern, worin die Empfindungen Ihrer Zunge bei der Berührung bestehen.

Sie können Ihren Ansatz – und damit auch Ihre Erfahrung – auch auf eine andere, grundlegende Art abändern. Zum Beispiel können Sie Ihre Zunge absichtlich benutzen, um Empfindungen in einem bestimmten Teil Ihres Mundes, in Ihren Lippen oder in einem anderen Körperteil hervorzurufen, den Sie berühren. Das Erlebnis wird in jedem dieser Fälle sehr unterschiedlich sein – sowohl für Ihre Zunge als auch für das, was auch immer Ihre Zunge berührt. (Sollten Sie mit Ihrer Zunge einen Körperteil eines anderen Menschen berühren und damit nur *Ihre* Absichten abändern, wird das Ergebnis sein, daß sowohl Ihre eigenen als auch die Erfahrungen der betreffenden Person ganz anders sind, je nach *Ihrer* Absicht.)

Es gibt viele andere Variationen, die Sie einführen können, wenn Sie das Bewegungsvermögen und das sinnliche Potential Ihrer Zunge erforschen. Zum Beispiel können Sie Ihre Zunge benutzen, um die Innenseite Ihrer linken Wange zu stimulieren, während Sie gleichzeitig Ihre Zunge benutzen, um über die innere Oberfläche Ihrer Wange etwas zu erfahren. Oder Sie könnten Ihre Aufmerksamkeit auf dasjenige konzentrieren, was Ihre Unterlippe empfindet, während Sie Ihre Unterlippe mit Ihrer Zunge berühren und zugleich Ihre Unterlippe dazu benutzen, Empfindungen in Ihrer Zunge hervorzurufen. In solchen Fällen müssen Sie Ihre Aufmerksamkeit aufteilen, und Sie könnten entdecken, daß Sie zugleich die Quantität und die Intensität Ihrer Empfindungen aufgeteilt haben. Sie könnten auch feststellen, daß Sie fähig sind, unterschiedliche Anteile der erhältlichen Empfindungen Ihrer Zunge, Ihrer Wange und der anderen Teile, die Ihre Zunge berührt, zuzuweisen. Sie könnten, mit anderen Worten, die Absicht haben – und auch erreichen –, daß Ihre Zunge drei Viertel der verfügbaren Empfindungen erhält, so daß ein Viertel für Ihre (ansonsten weitaus empfindlicheren) Lippen übrigbleibt.

Nachdem Sie Ihrer Zunge all diese Erfahrungen ermöglicht haben und falls die Übungen konzentriert und sorgfältig durchgeführt wurden, wird sich Ihre Zunge sehr wahrscheinlich freier und rascher als zuvor bewegen und besser und eleganter mit den Bewegungen Ihrer Augen, Ihres Kopfes und Halses in Einklang sein. Ihre Zunge wird sich vermutlich rascher von einer Seite zur anderen bewegen, wenn Sie Ihre Augen und Ihre Zunge absichtlich gemeinsam von links nach rechts bewegen oder wenn Sie Ihren Kopf von links nach rechts bewegen und Ihre Augen und Ihre Zunge von links nach rechts bewegen und darauf achten, wie rasch dies möglich ist. Sie werden wahrscheinlich auch bemerken, daß sich Ihr Kopf und Ihr Hals leichter und glatter von einer Seite zur anderen bewegen, so daß Sie spüren, wie weit Ihre Halsmuskeln sich gelockert haben.

Wenn die Übung erfolgreich war, sollten Sie nur Ihren Kopf nach rechts drehen müssen, um festzustellen, daß Ihre Zunge sich spontan zugleich mit Ihrem Kopf bewegt. Und Sie sollten nur Ihre Augen von links nach rechts wenden müssen, um zu entdecken, daß Ihre Zunge der Bewegung Ihrer Augen folgt. Wenn Ihre Zunge schon zuvor koordiniert war, bemerken Sie vielleicht, daß sie jetzt noch besser koordiniert ist.

Vielleicht müssen Sie sich nur vorstellen, daß etwas in einiger Entfernung links von Ihrem Kopf geschieht, um Zeuge zu werden, wie Ihre Zunge spontan in die linke Seite Ihres Mundes hinüberwandert. Oder Sie müssen sich nur vorstellen, daß etwas in einiger Entfernung rechts von Ihnen geschieht, um festzustellen, daß Ihre Zunge in die rechte Wange hinübergewandert ist. Ebenso könnten Sie bemerken, daß Ihre Zunge sich entsprechend demjenigen aufwärts oder abwärts bewegt, was sich in Ihrer Vorstellung ein gutes Stück oberhalb Ihres Kopfes bzw. um Ihre Füße herum ereignet.

Machen Sie diese Beobachtungen jetzt. Beginnen Sie damit, sich zu vergewissern, wie Ihre Zunge in Ihrem Mund liegt, und dann achten Sie darauf, wie sie sich synchron mit den Bewegungen von Kopf und Augen und mit dem Brennpunkt Ihrer Aufmerksamkeit bewegt. Und achten Sie bitte darauf, wie deutlich Sie sich jetzt der Oberfläche Ihrer Zunge bewußt sind. Wenden Sie Ihren Kopf sehr schnell von einer Seite zur anderen, und achten Sie darauf, wie Ihr Kopf sich bewegt. Lassen Sie Ihre Zunge bei so weit wie möglich geöffnetem Mund von einer Seite zur anderen wandern, und achten Sie darauf, ob sich diese Bewegung verbessert hat. Setzen Sie sich still hin, mit geschlossenen Augen, und machen Sie weitere Beobachtungen.

9 Lernen zwischen den Hemisphären

Lesen Sie diesen Abschnitt auf die gewohnte Weise, und führen Sie dann die beschriebenen Handlungen aus, um sich eine Grundlage für die Erkenntnis der Veränderungen Ihres Körpers zu verschaffen, die sich durch Neurosprache vollzogen haben. Der menschliche Körper wird – wenn auch nicht immer sehr deutlich – gewöhnlich als symmetrisch wahrgenommen. Das heißt, ein normaler Mensch nimmt mit annähernd gleicher Klarheit sein rechtes und sein linkes Bein wahr, seinen rechten und seinen linken Arm, seine rechte und seine linke Schulter, die beiden Seiten seines Gesichts und so weiter. Man hat gewöhnlich das Gefühl, daß die beiden Körperseiten etwa das gleiche Gewicht haben und ungefähr gleich lang sind. Dies ist es, was hier mit Symmetrie bezeichnet wird.

Stehen Sie nun bitte auf, und stellen Sie sich mit parallelen Füßen und parallel hängenden Armen hin. Achten Sie darauf, ob Ihr Körper sich in bezug auf die Deutlichkeit der Wahrnehmung, auf das Gewicht und die Länge symmetrisch anfühlt. Dann gehen Sie umher und machen die gleichen Beobachtungen. Danach kehren Sie zu Ihrem Stuhl zurück, setzen sich und achten auf die Symmetrie Ihres Körpers. Dann lesen Sie weiter, langsam und sorgfältig, und legen eine oder zwei Sekunden Pause zwischen den Sätzen ein. Denken Sie daran, diese Vorgehensweise ist neu für Ihr Gehirn, etwas, das gelernt werden muß, ehe Ihr Gehirn es rasch ausführen kann.

Sie sollten, wie gewohnt, mit parallel und etwa 25 bis 30 Zenti-

meter voneinander entfernt gestellten Füßen sitzen. Behalten Sie diese Position bei, und versuchen Sie außerdem, eine annähernd symmetrische Stellung Ihres übrigen Körpers beizubehalten. Sie werden wahrscheinlich spüren, daß Ihre beiden Gesäßbacken und die Fußunterseiten symmetrisch auf dem Stuhl beziehungsweise auf dem Boden ruhen.

Nun möchte ich Ihre Aufmerksamkeit auf die Tatsache lenken, daß Ihr rechter Fuß auf dem Boden steht und Ihr rechtes unteres Bein einen annähernd rechten Winkel zu Ihrem rechten Fuß bildet. Ihr rechtes oberes Bein bildet einen annähernd rechten Winkel zum rechten unteren Bein. Und falls Sie aufrecht sitzen, besteht zwischen Ihrem Oberkörper und Ihrem rechten oberen Bein ein rechter Winkel.
Sie wissen, daß Sie Ihren rechten Fuß auf vielerlei Arten bewegen können. Sie können Ihre rechte Ferse am Boden behalten und dann mit dem Ballen Ihres rechten Fußes klopfen. Sie können in Schlägen von einem, zwei, drei oder vier Takten mit dem Ballen Ihres rechten Fußes auf den Boden klopfen, oder Sie können ohne ein bestimmtes Taktmuster mit Ihrem rechten Fuß auf den Boden klopfen.
Sie können Ihre rechte Ferse mehr oder weniger am Boden lassen und den Vorderteil Ihres rechten Fußes von einer Seite zur anderen drehen, wobei er die ganze Zeit über Kontakt mit dem Boden behält. Oder Sie können Ihre rechte Ferse von einer Seite zur anderen drehen, während der vordere Teil Ihres rechten Fußes mehr oder weniger unverrückt bleibt. Sie können auch Ihren rechten Knöchel derart bewegen, daß Sie die Außenseite und

dann die Innenseite Ihres rechten Fußes belasten, und Sie können dies viele Male wiederholen.
Sie können Ihr rechtes Bein ausstrecken, Ihre Ferse auf dem Boden abstützen und mit Ihrem rechten vorderen Fuß Kreise in der Luft beschreiben. Sie können auch mit Ihren Zehen wackeln. Sie können Ihr ausgestrecktes rechtes Bein wieder an sich heranziehen, indem Sie Ihr rechtes Knie beugen. Sie können Ihr rechtes Bein viele Male beugen und ausstrecken, indem Sie die Muskeln benutzen, die dazu dienen, Ihr Bein, ausgehend vom Kniegelenk, zu bewegen.
Sie können Ihre rechte Hand an ihrem rechten Bein hinauf- und hinabgleiten lassen und die Vorderseite, die Rückseite und die rechte und linke Seite Ihres Beines mit Ihrer rechten Hand betasten. Sie können Ihre rechte Hand auf verschiedene Arten in Kontakt mit Ihrem rechten Bein bringen. Sie können Ihre rechte Hand dazu benutzen, um Ihr rechtes unteres Bein zu erkunden und zu untersuchen, in der Absicht, soviel wie möglich darüber zu erfahren. Sie können Ihre rechte Hand benutzen, um viele unterschiedliche Empfindungen in Ihrem rechten unteren Bein und in Ihrem rechten Knie hervorzurufen. Sie können auch Ihr rechtes unteres Bein und Knie benutzen, um Empfindungen in Ihrer rechten Hand auszulösen. Und es gibt viele weitere Möglichkeiten. Es hängt alles von der Absicht ab, mit der Sie die sensorischen Mechanismen Ihrer rechten Hand benutzen.
Natürlich können Sie das gleiche auch mit Ihrem rechten oberen Bein tun. Sie können Ihre rechte Hand zum Beispiel auf eine Weise über Ihren rechten Oberschenkel

gleiten lassen, daß Sie starke Gefühle in der Handinnenseite und an den Unterseiten der Finger Ihrer rechten Hand auslösen. Sie können die Finger und die Fingernägel Ihrer rechten Hand dazu benutzen, sich auf eine Art in Ihr rechtes oberes Bein einzugraben, die unter Umständen recht intensive, angenehme Empfindungen auslöst. Sie können Ihren rechten Arm am Ellbogen beugen und dann Ihre rechte Hand dazu benutzen, auf Ihr rechtes oberes Bein zu schlagen oder vielleicht um rhythmisch ein-, zwei-, drei- oder viermal auf es zu klopfen.

Sie können Ihren rechten Ellbogen beugen und dann, von Ihrem Ellbogen ausgehend, mit Ihrem rechten unteren Arm und der Hand Kreise in der Luft beschreiben. Sie können auch Ihre rechte Hand auf die rechte Seite Ihres Brustkorbs legen und Kreise mit dem Ellbogen beschreiben, die diesmal aber von Ihrem rechten Schultergelenk ausgehen. Oder Sie können von Ihrer rechten Schulter ausgehend Kreise beschreiben, indem Sie einfach Ihren rechten Arm vor sich ausstrecken und ihn kreisen lassen oder indem Sie Ihren rechten Arm über den Kopf ausstrecken und ihn aus der Schulter heraus kreisen lassen.

Sie können natürlich auch verschiedene Teile der rechten Seite Ihres Körpers dazu benutzen, die Welt um sich herum zu erkunden. Sie können verschiedene Teile Ihres Stuhles mit Ihrer rechten Hand berühren und Ihre Hand benutzen, um etwas über den Stuhl zu erfahren, oder den Stuhl benutzen, um Empfindungen in Ihrer rechten Hand auszulösen. Sie können Ihr rechtes Bein oder Ihren rechten Arm gegen Teile des Stuhles drücken und auf

diese Weise Gefühle in diesen Teilen Ihrer rechten Körperseite hervorrufen. Sie können auch einfach nur darauf achten, wie Ihre rechte Gesäßbacke auf dem Stuhl ruht und wie Sie die Lage der rechten Seite Ihres Beckens empfinden.
Sie können die rechte Innenseite Ihres Mundes mit Ihrer Zunge erkunden, Ihre Zunge umhergleiten lassen, mit Ihrer Zunge gegen die Innenseite Ihrer rechten Wange klopfen oder drücken. Sie können sich auf Ihren Atem im rechten Nasenloch konzentrieren, so daß Sie das Gefühl haben, nur mit Ihrer rechten Seite zu atmen. Dann können Sie Bewegungen in den Rippen Ihrer rechten Körperseite wahrnehmen und bemerken, wie Ihre rechte Schulter sich hebt und senkt, während Sie durch die rechte Seite Ihrer Nase einatmen und ausatmen. Sie können Zwinkerbewegungen mit Ihrem rechten Auge machen – es sind auch eine, zwei, drei und vier rhythmische Zwinkerbewegungen möglich.
Ihr Bewußtsein besitzt die Fähigkeit, sich die ganze rechte Seite Ihres Körpers entlangzubewegen, sich langsam von der Unterseite Ihres rechten Fußes ausgehend bis ganz hinauf zur rechten Seite Ihres Scheitels zu bewegen. Dann kann es von der rechten Seite Ihres Scheitels aus über die rechte Seite Ihres Gesichts hinabwandern, das Gesicht wahrnehmen und dann abwärts entlang der rechten Seite Ihres Halses, Ihrer rechten Schulter, Ihres Oberkörpers, des rechten Armes und der rechten Hand, der rechten Seite Ihres Beckens, Ihres rechten Beines und Fußes und dann wieder aufwärts und abwärts wandern und die rechte Seite Ihres Körpers viele Male wahrnehmen.

Nachdem Sie den folgenden Abschnitt gelesen haben, werden Sie weitere Beobachtungen anstellen. Aber diesmal beginnen Sie bitte im Sitzen. Achten Sie zum Beispiel darauf, ob sich die ganze rechte Seite Ihres Körpers niedriger als Ihre linke Körperseite anfühlt – ob Ihr Becken rechts tiefer in den Stuhl einsinkt, ob Sie Ihre rechte Schulter tiefer halten, ob Ihr rechter Fuß mehr Kontakt mit dem Boden hat. Achten Sie auch darauf, ob Sie Ihr rechtes Auge deutlicher als Ihr linkes Auge wahrnehmen, Ihre rechte Schulter deutlicher als Ihre linke Schulter, Ihr rechtes oberes Bein deutlicher als Ihr linkes und so weiter. Dann stehen Sie auf, und machen Sie ähnliche Beobachtungen. Danach gehen Sie umher, und achten Sie noch einmal auf die Symmetrie oder – wie man es jetzt besser nennen würde – auf die Asymmetrie Ihres Körpers. Achten Sie besonders darauf, wie deutlich Sie die Unterschiede in der Haltung, im Gewicht und in der Höhe zwischen Ihren beiden Körperseiten empfinden. Gehen Sie sehr rasch, und achten Sie währenddessen darauf, ob die Asymmetrie noch deutlicher hervortritt.

Tun Sie dies jetzt. Wenn Sie genau aufgepaßt haben, hatten Sie beinahe mit Sicherheit das Gefühl, daß Ihr Körper auf der rechten Seite länger war. Sie müßten bemerkt haben, daß Ihre rechte Körperseite sich freier bewegen konnte; daß sie energiegeladener und lebendiger wirkte und daß Ihr rechter Fuß einen besseren Bodenkontakt hatte.

Sie haben vielleicht noch viele weitere Veränderungen wahrgenommen – darunter möglicherweise eine andere Atmung auf der rechten Seite, eine klarere Sicht auf der rechten Seite, eine Tendenz, nach rechts zu schauen und so weiter. Versuchen Sie, dies alles noch einmal zu beobachten – im Sitzen, dann im Stehen und danach beim Umhergehen –, und achten Sie sehr genau und so eingehend wie möglich auf so viele Unterschiede wie möglich zwischen der Organisation und dem Funktionieren Ihrer rechten und Ihrer linken Körperseite. Wenn Sie fertig sind, kehren Sie bitte auf Ihren Stuhl zurück, und wir werden diesen Prozeß einen Schritt weiter führen.

Wie Ihnen bereits erklärt wurde, wäre es von Vorteil, wenn die bereits »bearbeitete« Körperseite in ihrem veränderten und verbesserten Zustand bliebe. Ihr Nervensystem ist – wenn es einigermaßen gesund ist – sowohl rational als auch hedonistisch. Dies bedeutet, es neigt dazu, Lust zu suchen und Schmerz zu vermeiden. Wenn also eine Seite Ihres Körpers in die Lage versetzt wurde, sich besser zu fühlen und besser zu funktionieren, wird Ihr Nervensystem danach verlangen, diesen erstrebenswerteren Zustand beizubehalten. Je länger es Gelegenheit hat, in diesem erstrebenswerteren Zustand zu verweilen, desto größer ist die Wahrscheinlichkeit, daß es bestrebt ist, diese Veränderungen dauerhaft zu machen – entweder indem es sie beibehält oder indem es Anstrengungen unternimmt, sie wiederzuerlangen.

Es gibt noch eine weitere Möglichkeit: Ihr Nervensystem kann das, was es auf der einen Seite Ihres Körpers gelernt hat, rasch auch auf Ihre andere Körperseite übertragen. Bei der Neurosprache-Methode, die Veränderungen durch einfaches Lesen herbeiführt, sind solche Übertragungen weniger leicht ausführbar als im Falle tatsächlicher Bewegungen oder bei Bewegungen, die durch sensorische Bilder verstärkt werden. Trotzdem werden wir nun eine solche Übertragung versuchen, und wir sollten zumindest erreichen, daß die Symmetrie des Körpers auf einer höheren Organisationsebene als jener wiederhergestellt wird, die bestand, bevor Sie diesen Teil des Buchs lasen.

Achten Sie jetzt, wo Sie sitzen, ein letztes Mal auf jede bestehende Asymmetrie. (Sie ist vielleicht bereits geringer als noch vor einer oder zwei Minuten.)

Nun können Sie Ihren linken Fuß hochheben, Ihr linkes Bein über Kreuz über Ihr rechtes Bein legen, so daß Ihr linker Fuß auf der Außenseite Ihres rechten Fußes liegt. Dann können Sie Ihren linken Fuß wieder in seine Ausgangsposition zurückbringen und danach Ihr linkes Bein über Kreuz hinter Ihr rechtes Bein bringen, so daß die Vorderseite Ihres linken Knöchels in Kontakt mit der Rückseite Ihres rechten Knöchels kommt. Dann können Sie Ihr linkes Bein benutzen, um Ihr rechtes Bein anzuheben. Danach können Sie Ihr linkes Bein wieder in seine Ausgangsposition zurückbringen.

Sie können auch die Finger Ihrer linken Hand derart mit den Fingern Ihrer rechten Hand verschränken, daß Ihr linker Daumen auf Ihrem rechten Daumen liegt. Dann können Sie Ihre Finger voneinander trennen und sie erneut verschränken, aber diesmal so, daß Ihr rechter Daumen auf Ihrem linken Daumen liegt. Sie können auch – nachdem Sie Ihre Hände voneinander getrennt haben – Ihr linkes Handgelenk auf Ihr rechtes Handgelenk legen, und Sie können Ihr rechtes Handgelenk auf Ihr linkes Handgelenk legen, und Sie können diese Übung beliebig oft wiederholen. Schließlich können Sie Ihre rechte Hand auf Ihre linke Schulter legen. Lassen Sie sie dort, und plazieren Sie Ihre linke Hand auf Ihrer rechten Schulter. Dann können Sie die Ellbogen in Schulterhöhe bringen und sie wieder senken und dabei Ihre rechte Hand auf Ihrer linken Schulter und Ihre linke Hand auf Ihrer rechten Schulter liegenlassen. Sie können dies mehrere Male tun, Ihre Arme mit den Händen auf Ihren Schultern heben und senken, und dann können Sie Ihre Hände einfach ruhen lassen.

Achten Sie nun bitte darauf, wie Sie sitzen und ob Sie symmetrischer geworden sind. Dann stehen Sie auf, und machen Sie die gleichen Beobachtungen und dann noch einmal beim Gehen. Haben Sie – wenn Sie inzwischen, wie es wahrscheinlich der Fall ist, symmetrischer geworden sind – das Gefühl, daß noch etwas anderes besser als vor Beginn der Übung geworden ist? Hat die Übertragung von der einen Hemisphäre Ihres Gehirns in die andere Hemisphäre Ihres Gehirns zu einer Übertragung des Gelernten geführt, oder hat sie nur beide Seiten Ihres Körpers in den Zustand zurückgeführt, der herrschte, bevor eine Seite verändert wurde? Die »Arbeit«, die eine Seite Ihres Körpers veränderte, hat eine recht lange Zeit beansprucht. Beachten Sie, wie rasch und leicht Ihr Gehirn Sie wieder in einen Zustand der Symmetrie zurückgeführt hat.

10 Veränderte Bewußtseinszustände erkunden

Diese Neurosprache-Übung unterscheidet sich um einiges von den Übungen, die Sie bisher ausgeführt haben. In diesem Fall geht es uns nicht um die Veränderung einer oder einer Reihe von Funktionen, sondern um eine allgemeine Erfahrung, die Ihren ganzen Körper betrifft. Nachdem wir fertig sind, sollten Sie erkennen, daß Sie veränderte Bewußtseinszustände und außerdem eine Ebene muskulärer und anderer Entspannungen erkunden, die sich recht wahrnehmbar von Ihrem jetzigen Zustand unterscheiden.

Wenn Sie am Ende dieses Abschnitts angelangt sind, gehen Sie bitte mehrmals im Raum umher, und achten Sie dabei auf Ihre Wahrnehmungen – wie Sie Ihre Umgebung erfahren und ob Sie sich entspannt fühlen oder nicht. Achten Sie darauf, wie Sie sich bewegen und was Sie sonst noch hinsichtlich Ihres jetzigen Zustandes bemerken können, während Sie sich einfach nur im Raum bewegen. Danach setzen Sie sich wieder hin, wie schon öfter beschrieben – auf denselben Stuhl, die Füße auf dieselbe Art gestellt und so weiter. Verändern Sie Ihre Stellung sowenig wie möglich, während Sie den Text lesen. Denken Sie daran, wie wichtig es ist, daß Sie sich konzentrieren und daß Sie – da der Text direkt an Ihr Gehirn gerichtet ist – recht langsam und sehr sorgfältig lesen und zwischen den Sätzen kurze Pausen machen müssen, so daß Ihr Körper das Gelesene aufnehmen und sich selbst entsprechend ordnen kann. Gehen Sie davon aus, daß der veränderte Zustand und die Entspannungen, die Sie erfahren werden, *angenehm für Sie sein werden. Machen Sie Ihre Beobachtungen jetzt. Dann kehren Sie auf Ihren Stuhl zurück, und lesen Sie einfach weiter.*

Es gibt viele Systeme, wie man seine Persönlichkeit weiterentwickeln und sein menschliches Potential aktivieren kann. Fast alle besser ausgearbeiteten Methoden dieser Art nutzen die Erfahrung einer Atmung, die nicht mit der üblichen Atmung übereinstimmt und die den meisten Menschen, wenn sie nicht gerade solche Übungen machen, nicht vertraut ist. Zum Beispiel ist es möglich, bei der Atmung das *Gefühl* zu haben, als lenke man den Atem durch den Körper hindurch und in einen beliebigen Teil des Körpers hinein. Sie können zum Beispiel das Gefühl haben, in Ihren linken Fuß oder in Ihre linke Hand hineinzuatmen, oder Sie können das Gefühl haben, in Ihr Gehirn hinein- und dann in Ihr Becken auszuatmen. Man kann einen Menschen auffordern, in seinen linken Fuß hineinzuatmen und dann durch den linken Fuß einzuatmen und auf diese Weise den Atem hinauf- und hinabzulenken, so daß er in den Fuß hinein- und aus ihm herausströmt, durch die Unterseite und die Oberseite des Fußes.
Der Atem kann abwärts durch den Oberkörper und das ganze Bein hindurch in den rechten Fuß gelenkt werden. Sie können durch die Unterseite Ihres rechten Fußes einatmen, den Atem durch das rechte Bein emporströmen lassen und weiter empor durch den Oberkörper und die Brust und dann weiter hinauf durch Ihren Kopf, durch das Gehirn und darüber hinaus.

Der Atem läßt sich durch Ihr linkes Knie und dann weiter empor lenken und dann wieder abwärts durch Ihr rechtes Knie. Dann können Sie in Ihre Nase hinauf atmen und in Ihr linkes Knie hinab, dann wieder zur Nase hinauf und zum rechten Knie hinab, und Sie können immer wieder im Wechsel Ihrem Atem zu Ihrem linken Knie und Ihrem rechten Knie lenken.

Ihr Atem kann einfach nur durch Ihren Oberkörper hinauf- und hinabströmen, so daß er an einem Ende durch die Oberseite Ihres Kopfes und am anderen Ende zwischen Ihren Beinen ein- und ausströmt – Sie können durch Ihre Genitalien einatmen, so daß der Atem entlang Ihrer Wirbelsäule in Ihren Kopf strömt, dann durch die Oberseite Ihres Kopfes hinaus und wieder zurück nach unten. Sie können so atmen, daß es sich so anfühlt, als würden Sie zwischen Ihrem Nabel und Ihrem Hals atmen; als würden Sie nur zwischen Ihrem Nabel und Ihrem Hals aufwärts und abwärts, hin und zurück atmen. Sie können das Gefühl haben, zwischen Ihren Beinen ein- und auszuatmen und in Ihre linke Schulter hinein und wieder nach unten zu atmen. Sie können zwischen der Schulter und dem Zwischenraum zwischen Ihren Beinen hin- und heratmen. Sie können im Wechsel mit Ihrer rechten Schulter ein- und ausatmen und mit Ihrer linken Schulter ein- und ausatmen, Ihren Atem durch Ihren Körper strömen lassen und zwischen Ihren Beinen ein- und ausatmen, wenn Sie den Atem entsprechend lenken.

Der Atem kann im unteren Teil Ihres Kopfes, zwischen Ihrem Kinn und Ihren Augen, festgehalten werden. Sie können ihn in Ihr rechtes Ohr einströmen und aus ihm herausströmen lassen und in Ihr linkes Ohr einströmen und aus ihm herausströmen lassen, ihn durch Ihr Gesicht hindurch zu Ihrer Nase und wieder zurück strömen lassen. Der Atem läßt sich auch zur Stirn hin lenken. Sie können durch die Stirn einatmen und dann das Gefühl haben, daß der Atem durch Ihre Stirn ein- und aus ihr herausströmt. Sie können dies ausführen und das Gefühl haben, daß Ihr Atem – wie eine Säule aus sehr feiner Materie – in der Mitte Ihrer Stirn hervortritt, und dann können Sie diese Säule mit Ihrem Atem zurückziehen und wieder austreten lassen.

Sehr große Veränderungen treten wahrscheinlich auf, wenn Sie Ihren Atem in Ihr Gehirn lenken. Sie können dies in einer Weise tun, daß Sie Ihren Atem durch beide Nasenlöcher einziehen und eine Atemsäule in die linke und zugleich die andere Atemsäule in die rechte Hemisphäre Ihres Gehirns lenken. Oder Sie können das Gefühl haben, daß nur eine Atemsäule in Ihr Gehirn hinein- und wieder hinausgeht, so daß Ihr Gehirn pulsiert oder sich ausdehnt und zusammenzieht. Bei dieser Art der Atmung könnten Sie das Gefühl haben, daß Ihr Gehirn erheblich größer wird, wenn Sie sie lange genug fortsetzen.

Wenn Sie den Atem absichtlich nach oben in Ihr Gehirn und darüber hinaus in die Schädeldecke über Ihrem Gehirn lenken, könnten Sie das Gefühl haben, daß Ihr Gehirn sich ausdehnt, indem es länger wird. Ihr Atem kann aus der Oberseite Ihres Schädels austreten und dann wieder durch die Oberseite Ihres Schädels eintreten. Er kann in Form einer Säule ein- und austreten, die beim Weiteratmen immer länger wird.

Und falls Sie in Ihr Gehirn ein- und aus ihm ausatmen sollten, können Sie dies auf eine Weise tun, daß Sie im Wechsel die Länge und die seitliche Ausdehnung Ihres Gehirns erweitern. Bei dieser Art der Atmung könnten Sie anfangen, ein Gefühl für das tatsächliche körperliche Vorhandensein des Gehirns und für das Schädelvolumen zu entwickeln oder zumindest *das Gefühl zu haben, das Gehirn wahrzunehmen,* besonders dann, wenn der Atem durch die Seiten und den oberen Teil Ihres Kopfes ein- und ausströmt.

Man kann sich auch vorstellen, durch die Füße und die Hände einzuatmen, so daß der Atem durch die Beine und durch die Arme strömt; durch den ganzen Unterleib und den ganzen Oberleib strömt; durch Ihren Hals und Ihren Kopf strömt; durch Ihren ganzen Körper strömt.

Nun, wenn Sie auf diese Weise geatmet haben, können Sie fühlen, wie sich Ihr ganzer Körper beim Atmen ausweitet und zusammenzieht; daß Ihr Körper bei dieser Ganzkörperatmung pulsiert, so daß Sie Ihren Körper in seiner Gesamtheit und auf einmal erfahren können, indem Sie durch seine Gesamtheit ein- und ausatmen.

Denken Sie einen Augenblick lang über dieses Atmen mit dem ganzen Körper nach, über diese gleichzeitige Erfahrung der Gesamtheit Ihres Körpers als einheitliches, harmonisches Ganzes. Halten Sie einen Augenblick lang inne, und denken Sie über diese Möglichkeit nach.

Nun, wenn Sie diesen Abschnitt gelesen haben, sitzen Sie nur still da und achten Sie darauf, wie Sie sich fühlen – auf den Zustand Ihres Bewußtseins, ob Sie entspannt sind, auf das Verhältnis zwischen Ihnen und Ihrer Umgebung und was Sie sonst noch wahrnehmen mögen. Dann stehen Sie bitte auf, gehen Sie umher, und machen Sie die gleichen Beobachtungen. Achten Sie darauf, ob Sie so stehen wie zuvor, ob Sie eine spürbare Entspannung fühlen und auf welche Weise Ihre Wahrnehmung Ihres Körpers, Ihrer selbst und Ihrer Welt sich gegenüber Ihrer Erfahrung verändert hat, die Sie hatten, bevor Sie diese letzten Seiten gelesen haben. Danach setzen Sie sich wieder hin und lesen Sie den letzten Abschnitt.

Wahrscheinlich haben Sie immer noch die Empfindungen eines Bewußtseinszustandes, der sich deutlich von Ihrem gewohnten Zustand unterscheidet. Wir schlagen Ihnen vor, daß Sie sich einfach weiter entspannen, Ihren gegenwärtigen Seinszustand untersuchen und mit Ihrem gewohnten Bewußtseinszustand vergleichen. Wenn Sie dann Ihre Erfahrung wirklich erkundet haben – derart, daß Sie sie sich deutlich in Erinnerung rufen können –, stehen Sie auf, und gehen Sie eine oder zwei Minuten lang recht forsch umher. Möglicherweise entdecken Sie, daß Sie im Begriff sind, in einen Zustand zunehmender Munterkeit und Wachheit überzugehen. Untersuchen Sie auch diesen Zustand, und dann versuchen Sie, sich dessen bewußt zu werden, wie diese Empfindung sich allmählich mit einem Zustand vermischt, der sich eher wie Ihr gewohntes Befinden anfühlt.

11 Sich selbst regulierende Hirnwellen

Setzen Sie sich wie gewohnt hin, die Füße flach, parallel zueinander und im gewohnten Abstand voneinander auf dem Boden. Lesen Sie wie zuvor sorgfältig und langsam, und machen Sie eine oder zwei Sekunden Pause zwischen den Sätzen. Es ist wohl selbstverständlich, daß Sie niemals eine dieser Übungen unterbrechen sollten, um ins Bad oder ans Telefon zu gehen oder aus irgendeinem anderen Grund. Eine solche Unterbrechung würde garantiert zu einem teilweisen oder völligen Mißerfolg Ihrer Bemühungen führen.

Wir arbeiten auf Veränderungen hin, die sich einigermaßen von allem unterscheiden, was Sie bisher erlebt haben – etwas, das zwar mit den Veränderungen Ähnlichkeit hat, die Sie in den Übungen im Kapitel »Veränderte Bewußtseinszustände erkunden« erfahren haben, aber ganz und gar nicht dasselbe ist. Wir werden in diesem Kapitel versuchen, Ihnen eine gewisse Kontrolle über die beiden Arten von Wellen in die Hand zu geben, die Ihr Gehirn hervorbringt – nämlich die Alpha- und die Deltawellen. Für den Fall, daß Sie noch nichts über die Wirkungen der beiden vorherrschenden Alpha- und Deltawellen wissen, werden sie Ihnen später erklärt. Außerdem dient eine Übung wie diese dazu, den gleichen positiven Effekt auf den Körperteil auszuüben, auf den sie sich konzentriert haben – in diesem Fall auf Ihr Gehirn –, wie auf jeden anderen Körperteil oder seine Funktion, auf den oder die man sich lange genug konzentriert.

Sie haben vermutlich ein Gefühl dafür, wo Ihr Gehirn sich im Schädel befindet. Sie wissen wahrscheinlich, daß Ihr Gehirn zwei Hälften aufweist: eine linke Hemisphäre und eine rechte Hemisphäre. Das Bewußtsein läßt sich an der Stelle lokalisieren, wo die linke Hemisphäre Ihres Gehirns ist, oder es läßt sich dort lokalisieren, wo sich die rechte Hemisphäre befindet.
Sie können Ihren Atem so lenken, daß Sie das Gefühl haben, in die linke Hemisphäre Ihres Gehirns hineinzuatmen. Sie können dies eine Zeitlang fortsetzen und werden dann wahrscheinlich feststellen, daß sich Ihr Gefühl für Ihre linke Hemisphäre merklich von Ihrem Gefühl für Ihre rechte Hemisphäre unterscheidet. Sie können auch eine Zeitlang in die rechte Hemisphäre Ihres Gehirns hineinatmen und dies mehrere Male wiederholen, und dann werden unbestreitbare Empfindungen in der rechten Hemisphäre Sie an jene Eindrücke erinnern, die Sie hatten, als Sie in die linke Hälfte Ihres Gehirns hineinatmeten.
Denken Sie daran, daß Sie nur lesen und nicht willentlich die im Text beschriebenen Bewegungen ausführen sollten. Sie werden zweifellos in sich eine Neigung oder einen Impuls entdecken, sich auf diese Bewegungen einzulassen, aber ich betone nochmals, führen Sie die Bewegungen nicht willentlich aus. Sie können jetzt auch in den hinteren Teil Ihres Gehirns hineinatmen, oder Sie können in die Basis Ihres hinteren Gehirns atmen, oder Sie können in die Mitte Ihres hinteren Gehirns atmen, oder Sie können in den oberen Teil Ihres hinteren Gehirns atmen. Sie können derart in den hinteren Teil Ihres Gehirns hineinatmen, daß Sie das Gefühl haben, als

würde sich Ihr Schädel nach hinten verlängern. Dann können Sie nach vorn durch Ihr Gehirn hindurchatmen, in Ihre Stirn und dann wieder zurück. Sie können in Ihre hintere Schädeldecke und in Ihre vordere Schädeldecke hineinatmen, so daß Ihr Schädel sich sowohl nach vorn als auch nach hinten verlängert, und dabei das Gefühl haben, daß auch Ihr Gehirn sich sowohl nach vorn als auch nach hinten verlängert.

Ihr Gefühl, durch Ihr Gehirn hindurchzuatmen, hilft Ihnen sehr, Ihre Aufmerksamkeit auf Ihr Gehirn zu richten. Und wenn Sie diese Aufmerksamkeit beibehalten, werden Sie wirklich das Gefühl haben, nicht nur die Oberfläche Ihres Gehirns wahrzunehmen, sondern auch das Innere Ihres Gehirns, während Sie den Atem durch es hindurch lenken. Wenn Sie in den hinteren Teil Ihres Gehirns und in den hinteren Teil Ihres Schädels hineinatmen, werden Sie um so mehr das Gefühl haben, daß sowohl Ihr Gehirn als auch Ihr Schädel sich nach hinten verlängern, je länger Sie damit fortfahren. Zu Beginn mag es sich so anfühlen, als sei es nur Ihr Schädel, der sich verlängert, wenn Sie Ihren Atem durch Ihr Gehirn und in Ihren Schädel lenken. Aber in dem Maße, in dem dieses Gefühl lebendiger wird, wird auch Ihr Gefühl klarer, daß außerdem Ihr Gehirn durch Ihren Atem eine längere Form erhält. Sie können nicht nur in den oberen Teil Ihres Kopfes hineinatmen und über den oberen Teil Ihres Gehirns hinaus und so das Gefühl einer Verlängerung Ihres Gehirns in Ihrem Schädel im oberen Teil Ihres Kopfes erzeugen – es gibt noch weitere interessante Möglichkeiten, neue Empfindungen dort oben am Ort Ihres Gehirns zu erzeugen.

Sie können zum Beispiel durch Ihr linkes Nasenloch in die linke Hemisphäre Ihres Gehirns atmen, während Sie zugleich durch Ihr rechtes Nasenloch in die rechte Hemisphäre Ihres Gehirns hinaufatmen. Sie können dies derart tun, daß Sie das Gefühl haben, Ihr Gehirn und Ihr Schädel verlängerten sich auf Ihrer linken Seite nach links und gleichzeitig nach rechts auf Ihrer rechten Seite. Dann können sich, während Sie ausatmen, Ihr Gehirn und Ihr Schädel wieder zurückbewegen, so daß Sie das Gefühl haben, als seien beide Seiten wieder so, wie sie es waren, bevor Sie in die linke und die rechte Seite Ihres Gehirns hineinatmeten. Mit anderen Worten, auf diese Weise können Sie ein Gefühl eines Pulsierens in Ihrem Gehirn erzeugen, als weite sich Ihr Gehirn aus, wenn Sie einatmen, und als bewege es sich wieder zurück, wenn Sie ausatmen, und so weiter – sanfte Pulsbewegungen Ihres Gehirns, Pulsschläge, die Sie als sehr deutliche Bewegungen Ihres Gehirns und Ihres Schädels empfinden.

Natürlich können Sie auch in beide Hemisphären Ihres Gehirns zugleich und darüber hinaus in Ihren Schädel hineinatmen und wiederum fühlen, daß Ihr Schädel sich verlängert, aber diesmal nach oben *und* nach außen. Diese Bewegung des Ein- und Ausatmens durch Ihr Gehirn kann Ihnen Ihr Gehirn wieder sehr deutlich bewußtmachen, kann wiederum das Gefühl eines Pulsierens erzeugen.

Nachdem Sie noch für eine Weile in Ihr Gehirn hineingeatmet haben, indem Sie zuerst nach hinten und nach vorn durch Ihr Gehirn und dann nach oben und nach unten durch Ihr Gehirn geatmet haben, können Sie aufhören, in Ihr Gehirn zu atmen. Sie können sogar

Ihren Atem vergessen. Dann stellen Sie vielleicht fest, daß – auch ohne daß Sie Ihren Atem lenken – Ihre Aufmerksamkeit in hohem Maße auf (oder in) Ihr Gehirn gerichtet bleibt und daß Sie etwas haben, was ein recht klarer, sinnlicher Eindruck des Äußeren Ihres Gehirns zu sein scheint – Ihres Gehirns, das dort in Ihrem Schädel ruht –, und möglicherweise sogar ein gewisses Gefühl unter der Oberfläche Ihres Gehirns *in* Ihrem Gehirn und ein Gefühl einer gewissen körperlichen Aktivität, die in Ihrem Gehirn vor sich geht.
Wenn Ihr Bewußtsein erst einmal auf die Vorgänge im Gehirn gerichtet ist – wenn Sie sie spüren oder auch nur versuchen, sie zu spüren –, dann könnte sogar ein noch stärkeres Bild von Ihrem Gehirn in Ihrem Bewußtseinsfeld auftauchen. Wenn Sie dann einen Moment lang Pause machen und nicht versuchen, irgend etwas zu machen oder zu empfinden, dann könnte es gut sein, daß Sie das Gefühl haben, als fließe Ihr Gehirn ruhig dort in Ihrem Bewußtsein – eine Erfahrung, für die man in manchen Meditationspraktiken sehr hart arbeiten muß.

Machen Sie wenigstens zehn Sekunden lang Pause, bevor Sie zum nächsten Abschnitt übergehen.

Sie können auch das Gefühl haben, daß Sie Ihr Gehirn mit Ihren Augen untersuchen, indem Sie die Bewegungen Ihrer Augen in das Gehirn lenken. Sie können in Ihre linke Hemisphäre aufschauen und Ihren Blick umherwandern lassen. Dann können Sie in Ihre rechte Hemisphäre emporschauen und Ihren Blick diese Hälfte

erkunden lassen. Sie können auch Ihren gesamten Hirnraum erkunden, indem Sie sich auf verschiedenen Ebenen Ihres Hirnraums umschauen.
Sie können in diesem Raum kleine Kreise beschreiben. Sie können diagonale Kreise beschreiben, Kreise, die nach links tendieren, und Kreise, die nach rechts tendieren. Sie können mit Ihrem Blick vertikale Kreise beschreiben, und Sie können mit Ihrem Blick horizontale Kreise in Ihrem Hirnraum beschreiben. Sie können mit Ihrem Blick recht schnelle Kreise in Ihrem Hirnraum beschreiben, und Sie können langsamere und immer langsamere Kreise beschreiben und auf verschiedenen Ebenen Ihres Hirnraums kreisen. Sie können sehr langsam in der Mitte kreisen und die größten horizontalen Kreise beschreiben, für die Platz ist, und dann können Sie diese Kreise langsamer und langsamer werden lassen, bis Ihre Augen zum Stillstand kommen. Ihre Augenbewegungen hören auf. Dann haben Sie möglicherweise das Gefühl, daß Ihr Blick irgendwo im Inneren Ihres Gehirns ruht und daß – abgesehen von Ihrer Aufmerksamkeit für Ihre Augen und Ihr Gehirn – Ihr Bewußtsein keinen anderen Inhalt hat, keine Gedanken, keine Bilder, nur Stille und Ruhe.

Schließen Sie einfach die Augen, und beobachten Sie für eine Weile sich selbst.

Nun wissen Sie vielleicht, oder auch nicht, daß Ihr Gehirn elektrische Phänomene unterschiedlicher Art hervorbringt, darunter die leicht meßbaren Hirnwellen, die als Alpha-, Beta-, Delta- und Thetawellen bezeichnet wurden. Alphawellen herrschen bei der Meditation vor.

Wenn das Gehirn vor allem Alphawellen produziert, hat man ein Gefühl der Gelassenheit und Heiterkeit. Deltawellen sind die Wellen des Schlafes. Wenn das Gehirn in deutlichem Maß Deltawellen hervorbringt, wird die betreffende Person schläfrig, und wenn sich die Deltawellen-Produktion fortsetzt, schläft sie einfach ein.

Sie stellen vielleicht fest, daß es einige sehr typische Augenbewegungen gibt, die Ihre jeweiligen Reaktionen auf die Instruktionen begleiten, daß Ihr Gehirn entweder Deltawellen – Schlafwellen – oder Alphawellen – Entspannungswellen – hervorbringen wird. Sie können vielleicht spüren, wie Ihre Augenlider sinken – ebenso wie Sie sie senken, wenn Sie die Augen schließen –, sobald Sie nur eine Andeutung wahrnehmen, daß Ihr Gehirn Deltawellen produzieren wird, und sogar noch bevor irgend etwas von Müdigkeit erwähnt wurde. Die Neigung, Ihre Augen zu schließen, ist natürlich angemessen, wenn Sie Gehirnwellen produzieren, die mit Schlaf in Verbindung stehen.

Andererseits sind die Augenbewegungen, die Sie wahrscheinlich erleben, wenn Ihr Gehirn Alphawellen hervorbringt oder wenn es im Begriff ist, Alphawellen zu produzieren – Hirnwellen der Meditation und der tiefen Entspannung –, Bewegungen, die diesen Bewußtseinszuständen angemessen sind; ebenso wie die Tendenz Ihrer Augen, sich zu schließen, angemessen ist, wenn Ihr Gehirn nach Schläfrigkeit und Schlaf verlangt. Bei Alphawellen können sich Ihre Augen entspannt anfühlen. Sie können leicht fühlen, daß Ihre Augen entspannt sind, wenn Sie selbst oder jemand anderer die Instruktionen liefert, daß Ihr Gehirn vorwiegend Alphawellen produziert. Zumindest aber wird Ihr Gehirn solche Suggestionen wahrscheinlich dann bereitwillig akzeptieren, wenn Ihr Bewußtsein auf Ihr Gehirn oder Ihren Hirnraum konzentriert ist.

Suggestionen hinsichtlich der Produktion von Alpha- oder Deltawellen können nicht nur zu der Erfahrung führen, daß Ihre Augen dazu tendieren, sich zu schließen oder sich zu entspannen, sondern auch zu Veränderungen in Ihrer Atmung. Sie identifizieren vielleicht drei unterschiedliche Arten der Atmung – die Atmung, die stattfindet, wenn Deltawellen suggeriert werden, die Atmung, die bei der Suggestion von Alphawellen stattfindet, und die Atmung, die stattfindet, wenn keinerlei Suggestionen in bezug auf Hirnwellen gemacht werden. Ich werde Ihnen nicht sagen, wie sich Ihre Atmung in diesen unterschiedlichen Situationen verändern könnte. Versuchen Sie, es selbst herauszufinden. Aber denken Sie daran: Wenn spontane Veränderungen in den Augenbewegungen oder spontane Veränderungen in der Atmung stattfinden oder beides, dann hat es fast mit Sicherheit auch Veränderungen in der Art der Hirnwellen gegeben, die produziert werden.

Um es noch einmal zu sagen: Ihre Konzentration auf Ihr Gehirn kann Sie befähigen, ein gewisses Maß der Kontrolle über Alpha-, Delta- und andere Hirnwellen zu erlangen. Ihr Gehirn wird zunehmend ansprechbar für Suggestionen bezüglich der Art der Hirnwellen, die es produzieren soll. Wenn dann die verbale Suggestion erfolgt, daß Ihr Gehirn Alphawellen hervorbringen soll, werden Sie einen Zustand der Entspannung erfahren. Und wenn dann die verbale Suggestion an Ihr Gehirn erfolgt, Deltawellen hervorzubringen, könnte sich sehr rasch ein Zustand der Schläfrigkeit einstellen. Danach können Sie die Suggestionen benutzen, um für eine Weile den entspannten Alpha-Zustand zu erforschen, dann für eine Zeitlang den schläfrigen Delta-Zustand, und Sie können zwischen beiden Zuständen hin- und hergehen. Sie sollten keine anderen Bewegungen ausführen, um sich diese Fähigkeit zu erhalten.

Wenn Sie diesen Abschnitt gelesen haben, sprechen Sie mit Ihrem Gehirn und suggerieren Sie ihm, daß es Alphawellen hervorbringen soll, und dann beobachten Sie einfach das Ergebnis. Nachdem Sie diese Suggestionen und Beobachtungen für eine Weile fortgesetzt haben, suggerieren Sie Ihrem Gehirn, daß es schläfrig machende Deltawellen erzeugt, und schauen Sie zu, was geschieht. Bewegen Sie sich mehrmals zwischen diesen beiden Zuständen hin und her, und achten Sie darauf, ob es so aussieht, als wäre Ihr Gehirn als Ergebnis Ihres Lesens – zumindest in einem gewissen Umfang – bereit, Gehirnwellen gemäß Ihren Instruktionen zu produzieren.

12 Die Integration der Welt der Sinne

Nur verhältnismäßig ursprüngliche Menschen oder Menschen, denen es gelungen ist, eng mit der Natur verbunden zu bleiben, kennen noch eine natürliche, ausgeglichene, multisensorische Erfahrung der Umwelt – dieser Welt, die außerhalb einer Person existiert. Ich spreche von einer Art und Weise, die Welt zu erfahren, bei der die Sinne gleichzeitig und annähernd gleichwertig genutzt werden, so daß diese Sinne die vorhandene Welt so deuten, wie sie ist, und nicht nur Ausschnitte aus ihr akzeptieren. Noch vor einem oder zwei Jahrhunderten war es selbstverständlich, daß die Menschen ein multisensorisches Bewußtsein der äußeren Realität besaßen. Aber heute haben wir Menschen eine derartige Entfremdung von der Natur und eine derartige innere Zersplitterung und Unausgeglichenheit erreicht, daß es fast unmöglich ist, jemanden zu finden, der seine Welt nicht verfälscht, indem er ihr immer nur einen oder zwei Sinne zugleich widmet und dadurch die erfahrene Realität verdünnt und verzerrt. Mit anderen Worten, einige Teile der Realität werden überbetont, andere Teile werden unterbetont, und wieder andere Teile werden vollständig übersehen.

Stellen Sie sich eine Fotografie einer Landschaft vor. Dann retuschieren Sie bestimmte Teile der Landschaft, malen andere Teile dunkel aus, machen einige Teile blasser und schauen, ob das Ergebnis immer noch als die Landschaft zu erkennen ist, die abgelichtet wurde. Dies ist es, was mit der äußeren Welt geschieht, wenn die Sinne ungleichmäßig auf sie angewendet werden.

Es läßt sich leicht nachweisen, daß das Gehör zurücksteht, wenn man auf den Sehsinn konzentriert ist. Oder daß der Sehsinn zurücksteht, wenn die Betonung auf dem Hören liegt. Wenn Sie sich auf etwas konzentrieren, das Sie berühren, werden Sie feststellen, daß sowohl Ihr Sehsinn als auch Ihr Gehör sowie alle übrigen Wahrnehmungen, die möglich wären, weniger scharf sind. Schließen Sie Ihre Augen, und Sie werden fast mit Sicherheit bemerken, daß Sie jeden anderen Sinn intensivieren können, auf den Sie sich zu konzentrieren beschließen.

Es spielt keine Rolle, welche sensorische Erfahrung wir betrachten. Wenn Sie sich auf das Gefühl der Bewegung konzentrieren, werden alle übrigen Empfindungen schwächer. Ebenso verhält es sich beim Konzentrieren aufs Schmecken oder Riechen. Auch hier ist es beinahe unmöglich, einen Menschen ausfindig zu machen, der in einem Raum stehen oder durch einen Raum gehen kann und sich zu gleichen Teilen all dessen bewußt ist, was er sehen, hören, berühren und riechen kann, seiner Bewegungen oder dessen, was er schmeckt, falls er etwas ißt. Nein, er wird sich hauptsächlich eines Sinnes bewußt sein, in zweiter Linie eines zweiten, etwas weniger eines dritten, noch etwas weniger eines vierten, und darüber hinaus wird ihm wahrscheinlich nichts bewußt sein – falls ihm überhaupt so vieles bewußt ist. Wie kann ein solcher Mensch hoffen, eine angemessene Erfahrung der objektiven Welt zu erlangen?

Diese Unfähigkeit, unsere Sinne harmonisch und gemeinsam zu nutzen, stellt eine grundsätzliche Fehlerquelle dar. Natürlich erleben durchschnittliche Personen noch viele weitere Störungen der Realität. Oft herrscht eine fast vollständige Unfähigkeit, mehr als unbedingt nötig zu denken, und zugleich ein Unvermögen, mehr wahrzunehmen, als unbedingt nötig ist, um nicht in Gegenstände hineinzulaufen oder hinzufallen. Gefühle können natürlich sowohl das Denken als auch die Wahrnehmung blokkieren. Vorgefaßte Meinungen stören die Art und Weise, wie ein Mensch seine Welt wahrnimmt. Angesichts all dieser Faktoren stellt die Realität einer durchschnittlichen Person wenig mehr als eine vage und bizarre Annäherung an dasjenige dar, was er wahrnehmen könnte, wenn er fähig wäre, die sensorischen, intellektuellen und übrigen Fähigkeiten zu nutzen, die zu nutzen der Mensch ausgerüstet ist.

Nun nehmen Sie noch die Tatsache hinzu, die in fast allen größeren spirituellen Disziplinen der Welt erkannt wird, nämlich daß der normale Mensch »schläft« oder nur zu der geringst möglichen Stufe erwacht ist und weit eher an einen Schlafwandler erinnert als an einen wachen und aufmerksamen Zeitgenossen. Und ebenso wie die Bewegungen eines Schlafwandlers durch seinen Traum diktiert werden, wird das mentale Leben eines normalen Menschen vor allem von seinen unwillkürlichen Bildern, Vorstellungen und Impulsen beherrscht, die aus dem Unbewußten entstehen, um sich in der Arena der blassen und entstellten Realität auszuleben, die durch einen verworrenen und ungleichmäßig gewebten Schleier der Sinne wahrgenommen wird.

Konzentrieren Sie sich bitte einmal auf dieses Buch. Was nehmen Sie an ihm vor allem wahr? Angenommen, Sie halten das Buch, dann berühren Sie eine Seite oder zwei Seiten und möglicherweise auch den Rücken und die Umschlagdeckel dieses Buchs. Und während Sie das Buch halten, berühren Sie vielleicht auch den Tisch oder den Schreibtisch, der vor Ihnen steht. Da Sie lesen, schauen Sie auch auf die Seite des Buchs. Um zu lesen, müssen Sie eine gewisse Aufmerksamkeit für den Umstand aufbringen, daß die Wörter, die Sie lesen, in schwarzen

Buchstaben auf eine Seite gedruckt sind, die – abgesehen von der Druckerschwärze – großenteils weiß ist.
Sie berühren das Buch, und Sie schauen das Buch an, und, um zu lesen, müssen Sie sich außerdem bewegen, so daß Ihr kinästhetischer Sinn an dem Prozeß beteiligt ist. Wenn Ihnen dies bewußt ist, wissen Sie vielleicht, ob nur Ihre Augen sich quer über die Seite und zum unteren Teil der Seite hin bewegen oder ob auch Ihr Kopf sich infolge einer Bewegung in Ihrem Hals von einer Seite zur anderen und von oben nach unten und wieder nach oben bewegt, und sei es auch noch so geringfügig.
Und obwohl sie nicht zu Ihrer Leseerfahrung gehören, gibt es doch fast mit Sicherheit irgendwelche Geräusche, die in Ihr Bewußtsein eindringen, während Sie lesen. Sie könnten sich gewisser Gerüche bewußt sein, die Sie erreichen, und Sie könnten sich sogar gewisser Geschmacksempfindungen in Ihrem Mund bewußt sein, oder vielleicht ist Ihnen nur eine gewisse Feuchtigkeit in Ihrem Mund bewußt.
Was ist Ihnen vor allem bewußt? Sind Sie sich mehr dessen bewußt, daß Sie dieses Buch berühren, daß Sie in dieses Buch schauen, oder der Bewegung, die Ihr Körper macht, während Sie das Buch lesen? Und wie steht es mit Ihrem Bewußtsein für Geräusche, Gerüche, Geschmacksempfindungen und andere Wahrnehmungen wie Feuchtigkeit oder Trockenheit, Wärme oder Kälte? Wenn Sie eine hierarchisch geordnete Aufstellung Ihrer Empfindungen anfertigen müßten, angefangen mit den Eindrücken, die Ihnen am stärksten bewußt sind, bis hin zu den Empfindungen, die Ihnen am schwächsten bewußt sind – wie sähe diese Reihenfolge aus?

Sind Sie sicher, daß Ihnen alle diese Empfindungen bewußt waren, bevor Sie Ihre Aufmerksamkeit darauf gerichtet haben? Falls nicht, wissen Sie, welche Empfindungen Ihnen bewußt waren, als Sie dort saßen und lasen, bevor alle möglichen Eindrücke in Ihr Bewußtsein eintraten? Hätten Sie in einem Augenblick der Aufmerksamkeit und abgesehen von jeder Benennung und Aufzählung eine entsprechende, hierarchisch geordnete Liste anfertigen können?

Ist es möglich, daß Ihre Hierarchie von einer dominanten Wahrnehmungsweise zu einer anderen sprang, als Sie auf die übrigen Sinneswahrnehmungen aufmerksam gemacht wurden? War zum Beispiel Ihr Tastsinn in dem Augenblick dominant, als Sie daran erinnert wurden, daß Sie verschiedene Teile des Buchs berührten? Oder wurde er erst dann dominant?

Was war in Ihrem Bewußtsein dominant, als Sie von der Druckerschwärze auf dem weißen Papier lasen? War es Ihr Sehsinn? Und wäre er es auch gewesen, bevor Sie auf das Aussehen der Seite aufmerksam gemacht wurden?

Und wie steht es mit Ihrem kinästhetischen Sinn? Waren Sie sich überhaupt Ihrer Augen oder Ihres Kopfes bewußt, bevor Sie über diese Bewegungen lasen? Wir haben mit keinem Wort die größeren Hand- und Armbewegungen erwähnt, die Sie ausführen müssen, um die Seiten des Buchs umzublättern. Hätten wir in ungefähr dem Augenblick, als Sie eine Seite umwendeten, Ihre Aufmerksamkeit auf Ihren kinästhetischen Sinn gerichtet – auf welche Weise hätte dies Ihre Hierarchie der sensorischen Wahrnehmungen beeinflußt?

Nachdem Sie die beiden folgenden Abschnitte gelesen haben, bemühen Sie sich bitte, die Hierarchie der Empfindungen zu rekonstruieren, die Sie erfuhren, als Sie diese beiden Abschnitte lasen. Sie waren zuvor nicht auf eine solche Selbstbeobachtung vorbereitet. Aber inzwischen wissen Sie im voraus, was von Ihnen erwartet wird. Sie werden gebeten werden, auf Ihre Tasterfahrungen zu achten, auf Ihre visuellen Erfahrungen, auf Ihre kinästhetischen Erfahrungen, auf Ihre Gehörerfahrungen, auf Ihre Geruchserfahrungen und auf Ihre Geschmackserfahrungen, soweit vorhanden.
Sie wissen, daß Sie sich bemühen müssen, wahrzunehmen, ob Sie solche Erfahrungen haben, wie stark diese Erfahrungen vergleichsweise sind und wie zum Beispiel Ihr Versuch, dies alles zu beobachten, Ihr Lesen beeinflußt, Ihr Verständnis dessen, was Sie lesen, und möglicherweise auch den Zustand Ihres Körpers. Führt zum Beispiel Ihr Bemühen, Ihre grundlegenden Sinnesempfindungen im Auge zu behalten, dazu, daß Sie den Atem anhalten, Ihre Schultern anspannen, Ihren Nacken anspannen oder an einer anderen Stelle Ihres Körpers eine Muskelanspannung aufbauen? Werden Ihnen bei Ihrer Selbstbeobachtung irgendwelche nicht zur Sache gehörenden Gedanken oder Empfindungen bewußt, die entweder eine Folge dessen sind, was Sie tun, oder von denen man weiß oder annehmen kann, daß sie andere Ursachen haben? Falls Sie Schwierigkeiten hatten, all diese Beobachtungen zu machen, sie miteinander zu vergleichen und hierarchisch anzuordnen, dann lesen Sie die beiden letzten Abschnitte unbedingt nochmals und stellen Sie dann die Hierarchie auf. Falls nötig, lesen Sie die Abschnitte mehrmals.

Wie bereits erwähnt, ist es äußerst schwierig, einen Zeitgenossen aufzutreiben, der nicht nur einen oder zwei

Sinne auf Kosten der übrigen Sinne benutzt und somit nicht Teile einer gegebenen Realität verwässert und auf diese Weise ein gestörtes Ganzes schafft. Außerdem gibt es verschiedene Arten von Persönlichkeiten. Es gibt Persönlichkeiten, die dazu neigen, einen Sinn oder vielleicht zwei oder drei Sinne auf Kosten der übrigen zu bevorzugen und dies fast ausnahmslos zu tun. Zum Beispiel könnte jemand den Sehsinn seinen übrigen Sinnen vorziehen. Ein anderer mag seinen Tastsinn oder seinen kinästhetischen Sinn betonen und seine übrigen Sinne entsprechend vernachlässigen. Gesundheit und inneres Gleichgewicht erfordern ein harmonischeres und besser orchestriertes Erfassen mit vielen Sinnen. Es ist oft von Vorteil, sich selektiv auf einen Sinn zu konzentrieren, aber diese Selektion der Sinne sollte eine freie Wahl darstellen und nicht etwas, das Ihnen ganz und gar unbewußt ist.

Da diese Übung komplizierter ist als diejenigen, die Sie bisher ausgeführt haben, wurden Sie gebeten, erheblich mehr Beobachtungen als bei den früheren Übungen anzustellen. Im weiteren Verlauf werden Sie dann und wann aufgefordert werden, noch mehr Beobachtungen anzustellen. Stehen Sie am Ende dieses Abschnitts auf, und gehen Sie einfach im Zimmer umher, und versuchen Sie, so vollständig wie möglich alles zu bemerken, was Sie mit Ihren Sinnen aufnehmen. Achten Sie außerdem nach Möglichkeit darauf, ob Sie sich Ihrer Bewegungen bewußter sind, dessen, was Sie sehen, dessen, was Sie hören, oder vielleicht anderer Sinneseindrücke. Stellen Sie auch hier eine Hierarchie auf, in der Ihre Sinne nach dem Grad Ihrer Bedeutung für Ihr Bewußtsein angeordnet waren, als Sie im Raum umhergingen.

Welcher Sinneseindruck war Ihnen am deutlichsten bewußt, welcher kam als nächstes und so weiter? Bitte, gehen Sie jetzt umher, und beobachten Sie. Danach gehen Sie zu Ihrem Stuhl zurück, zu Ihrem Buch, und lesen Sie weiter.

Machen Sie sich beim Lesen wieder bewußt, daß Ihr Lesen und Ihre Erfahrungen hier und jetzt verschiedene Komponenten haben – vor allem visuelle, taktile und kinästhetische; die anderen Komponenten sind von nebensächlicher Bedeutung. Zumindest sollte es so sein. Zum Beispiel könnten unwillkommene Geräusche in Ihrer Umgebung Wichtigkeit erlangen.
Angesichts dessen, was wir bisher unternommen haben, sind Sie sich fast mit Sicherheit des Kontaktes bewußt, den Ihre Hände und Finger mit Ihrem Buch herstellen. Sie sind sich fast mit Sicherheit visuell der Seiten des Buchs bewußt – zum Beispiel der Helligkeit des Papiers und der Schwärze des Drucks. Falls Ihre Aufmerksamkeit nicht darin versagt hat, von dem, was Sie gelesen haben, zu profitieren, sollten Sie sich auch gewisser Bewegungsempfindungen bewußt sein – nicht allein der größeren Arm- und Handbewegungen, die Sie beim Umblättern oder vielleicht auch dann ausführen, wenn Sie das Buch anders hinlegen, sondern auch Ihrer Augenbewegungen und möglichen Kopfbewegungen oder sogar der Bewegungen Ihres oberen Rückens und der Schultern. Wenn Ihre Augen sich frei bewegen können, sollten Sie beim Lesen nicht Ihren Kopf bewegen müssen. Falls aber die Bewegungsfreiheit Ihrer Augen eingeschränkt ist, müssen Sie vielleicht Ihren Kopf bewegen, damit Ihre Augen wie Passagiere reisen können. Falls auch die Beweglich-

keit Ihres Halses stark eingeschränkt ist, müssen Sie möglicherweise andere Teile Ihrer Wirbelsäule und Ihres Oberkörpers bewegen, um Ihren Blick über eine Buchseite gleiten zu lassen.

Tatsächlich kommt es selten vor, daß sich jemand seiner Augen- oder Kopfbewegungen beim Lesen sehr bewußt ist. Und falls man sich nicht unbehaglich fühlt, besteht vielleicht beinahe gar kein Bewußtsein für die Körperteile, die nicht unmittelbar auf dieselbe Weise in die Lesetätigkeit einbezogen sind wie die Augen und der Kopf und die Hände und die Arme.

Das »Heilsein« einer wirklich gesunden Person umfaßt ein einigermaßen vollständiges Körperbild und Bewußtsein ihrer selbst. Diese Person wüßte beim Lesen ebensoviel über das, was alle übrigen Teile ihres Körpers tun, wie über die Tätigkeiten der Augen und des Kopfes und der Hände und der Arme, die unmittelbar betroffen sind. Bei Ihnen, der oder die Sie gerade dieses Buch lesen, ist es unwahrscheinlich, daß Ihnen ausreichend bewußt ist, was Ihre Füße und Beine tun, wie der Zustand Ihres Beckens ist, was Sie mit Ihren Schultern anstellen, wie Sie atmen, ob Ihr Körper mehr oder weniger symmetrisch ist und so weiter. Falls Sie keine Schmerzen haben, umfaßt Ihr Bewußtsein wahrscheinlich außer Ihrem Kopf und Ihren Händen nur sehr weniges mehr, und selbst dann haben Sie vermutlich nicht allzuviel Empfinden für das, was Sie tun.

Verwechseln Sie ein derart unzureichendes Bewußtsein Ihrer selbst nicht mit einer »guten Konzentration«. Ihr Bewußtsein Ihrer selbst wäre fast mit Sicherheit nicht besser, wenn Sie einfach dasäßen und nichts täten. Eine wirklich gute Konzentration geht Hand in Hand mit einem heilen Selbst-Bewußtsein. Sie werden mehr begreifen – nicht weniger –, wenn Sie wissen, was Sie tun. Dies liegt zum Teil daran, daß Sie – wenn Sie nicht wissen, was Sie tun – höchstwahrscheinlich Ihren Körper auf eine schlechte Art benutzen und ein gewisses Maß an Unbehagen verursachen, das nicht unbedingt ins Bewußtsein eintreten muß, aber trotzdem eine Ablenkung für Ihr Gehirn und Ihr Nervensystem darstellt.

Dies soll nicht heißen, daß keine Notwendigkeit besteht, einen oder zwei Sinne so stark einzusetzen, daß die Nutzung der übrigen Sinne auf ein Minimum reduziert ist. Vielmehr geht es darum, daß die Auswahl, die Sie treffen, innerhalb Ihres Bewußtseinsfeldes stattfinden sollte und daß die Auswahl, welchen Sinn oder welche zwei Sinne Sie besonders betonen wollen, der jeweiligen Situation oder Ihren Absichten entsprechen sollte. Ein Mensch, der vollkommen Herr seiner sinnlichen Wahrnehmung ist, kann bestimmen, in welchem Ausmaß ein bestimmter Sinn eingesetzt oder nicht eingesetzt wird. Dies würde dasjenige einschließen, was Psychologen manchmal als »negative Halluzination« bezeichnen – nämlich die Fähigkeit, etwas *nicht* zu sehen, zu hören oder auf andere Weise wahrzunehmen, was objektiv vorhanden ist –, einen beliebigen sensorischen Eindruck zu eliminieren, als existierte er gar nicht. (Es handelt sich um das Gegenteil von einer »positiven Halluzination« – der Wahrnehmung von etwas, das tatsächlich *nicht* vorhanden ist.) Der Mensch, der vollkommen Herr seiner Sinneswahrnehmungen ist, kann sensorische Eindrücke ebenso einfach regulieren, wie er das Klangvolumen eines Radios regulieren kann, indem er einfach den Lautstärkeregler nach oben oder nach unten verstellt. Nicht viele Menschen besitzen eine derartige Kontrolle über ihren Sinnesapparat, aber jeder Mensch hat die Fähigkeit zu einer solchen Kontrolle.

Ihre Erfahrung kann, wie erwähnt, weitgehend visuell sein. Es kann eine visuelle Erfahrung des Teiles eines Buchs sein, den Sie gerade lesen. Oder es kann sich über das Buch hinaus erstrecken und den Schreibtisch oder Tisch umfassen, auf dem das Buch liegt. Und Ihre visuelle Aufmerksamkeit kann sich noch weiter ausdehnen und alles umfassen, was sich in Ihrem Gesichtsfeld befindet.

Sie können sich beim Lesen auch gleichzeitig visueller Eindrücke bewußt sein, die durch Wörter, die Sie lesen, heraufbeschworen werden. Wenn Sie zum Beispiel von einer Elefantenherde lesen, haben Sie – obwohl Ihre Augen nichts weiter als die Seiten des Buchs erblicken – wahrscheinlich zur selben Zeit ein Bild von einer Elefantenherde vor sich. In der Tat wird das Bild, das Sie von dieser Elefantenherde haben, vermutlich interessanter für Sie sein, als die Seiten des Buchs es sind, und Sie werden es deshalb in gewisser Hinsicht »deutlicher« sehen als das Buch. Das gleiche gilt, wenn Sie von einem Segelschiff auf dem Meer lesen, von ungeheuren Armeen auf dem Marsch, von hohen Berggipfeln, einem Wasserfall, einem Paar beim Liebesspiel. Sie machen wahrscheinlich auch dann solche »visuellen« Erfahrungen, wenn Sie zum Beispiel an Ihren Hund denken, an Ihre Katze oder an ein anderes Haustier, das Sie sehr lieben. Ihr Denken weilt bei diesem Tier, und Ihr Bild von

diesem Tier wird wahrscheinlich Ihre visuellen Eindrükke von Ihrer Umgebung weitgehend verblassen lassen.
Auch dann, wenn Sie sich auf einen begrenzten Teil Ihrer Umgebung konzentrieren, werden Sie dasjenige, auf das Sie sich konzentrieren, anders sehen als andere Teile Ihrer Umgebung, die Ihrem Sehsinn in gleichem Maße zugänglich sein könnten. Was geschieht, ist nicht nur eine Fokussierung der Sicht, sondern auch ein Ausschluß dessen aus dem Bewußtsein, was dem Sehsinn eigentlich leicht zugänglich wäre. Die Entscheidung, nicht zu sehen oder nur Teile dessen zu sehen, was der Sehsinn empfängt, kann die Folge einer bewußten oder einer unbewußten Auswahl sein. Es ist leicht, sich in einem gegebenen Augenblick eine ganze Gruppe von Gegenständen anzuschauen und jeden von ihnen mit annähernd derselben Schärfe anzuschauen und sich dann einfach auf eines jener Objekte zu konzentrieren und zu beobachten, daß die übrigen zu verhältnismäßiger Undeutlichkeit oder sogar in die Nichtexistenz dahinschwinden.
Wir können jeden unserer Sinne auf diese Weise benutzen – immer vorausgesetzt, der Reiz ist nicht so stark, daß er uns keine Möglichkeit einer selektiven Wahrnehmung läßt. Zum Beispiel ignorieren wir normalerweise keinen Gegenstand, der scharf genug ist, um unsere Haut durchdringen, oder heiß genug, um sie verbrennen zu können. (Das soll nicht heißen, daß wir nicht die Fähigkeit besäßen, sogar sehr extreme Empfindungen auszuschließen. Manche Menschen können sich derart von Schmerzen distanzieren, daß sie sich ohne schmerzstillende Mittel chirurgischen Eingriffen unterziehen können und nur sehr wenig Unbehagen fühlen.) In ähnlicher Weise, aber

innerhalb einer geringeren Bandbreite unseres sensorischen Potentials nehmen wir regelmäßig die Reize wahr, denen wir ausgesetzt sind, oder wir versäumen es, sie wahrzunehmen.

Zum Beispiel können Sie die empfindliche Innenfläche Ihrer Hand über eine Oberfläche wie die Seitenlehne Ihres Stuhles oder über einen anderen Teil Ihres Stuhles oder Tisches bewegen, und Sie können sich dazu entschließen, auf diese Weise recht starke Empfindungen in Ihrer Hand hervorzurufen. Oder Sie können mit Ihrer Hand in scheinbar derselben Weise verfahren, aber die Empfindungen in Ihrer Hand weitgehend verringern – entweder indem Sie sie ignorieren, oder indem Sie etwas anderes mit Ihrer anderen Hand berühren und vor allem auf die Empfindungen in dieser Hand achten, oder indem Sie sich auf einen anderen Ihrer Sinne konzentrieren, und so weiter. Sie können die Empfindungen in Ihrer Hand steigern, indem Sie zum Beispiel Ihre Augen schließen, und Sie können den gleichen Effekt erreichen, indem Sie sich die Ohren verstopfen, so daß der Gehörsinn wenig oder gar nicht im Wettbewerb mit Ihrem Tastsinn steht.

Wenn Ihre Hände ein Buch halten, das Sie lesen, empfangen sie eine Reihe unterschiedlicher Tastempfindungen – von den Seiten des Buchs, von den Kanten des Bucheinbandes, von der Schutzhülle des Buchs und so weiter. Diese Empfindungen können – wenn Sie dies zulassen – sehr weitgehend Ihr Bewußtsein ausfüllen. Aber angenommen, Sie lesen etwas darüber, wie es sich anfühlt, in warmes Wasser einzutauchen, mit den Fingern über ein Bärenfell zu streichen, mit beiden Händen etwas sehr Kaltes, wie zum Beispiel einen Eisblock, aufzuheben oder eingeölt und massiert zu werden; oder Sie lesen etwas darüber, wie es sich anfühlt, einen sich windenden Fisch festzuhalten zu versuchen oder mit den Händen den Stoßzahn eines Elefanten zu untersuchen oder den heißen Sand eines Strandes unter dem Rücken zu spüren, während man am übrigen Körper von der Sonne gewärmt wird; bis zu welchem Grad bleiben Sie, während Sie über diese Dinge lesen, Ihrer Hände gewahr, die das Buch halten, und der Empfindungen, die Sie hatten, als Sie gerade an den Kontakt Ihrer Hände mit dem Buch dachten? Sicherlich wird sich Ihre Aufmerksamkeit beim Lesen diesen anderen Dingen zuwenden – ebenso wie sich Ihre visuelle Aufmerksamkeit von den schwarzen Buchstaben auf den weißen Seiten des Buchs abwendete, als Sie über marschierende Armeen und über Berggipfel und Wasserfälle lasen.

Wenn Sie lesen, werden Ihre visuellen und Ihre taktilen Erfahrungen – wie soeben demonstriert wurde – nur zum Teil durch das Buch bestimmt, das Sie halten und anschauen. Ja, sie können sogar durch den Inhalt dessen, was Sie lesen, bestimmt werden und durch die visuellen und taktilen Bilder, die durch das Gelesene hervorgerufen werden. Und – wie Sie vermutlich gesehen haben – die Bilder können Ihr Bewußtsein verhältnismäßig leicht vollständiger in Beschlag nehmen als Ihre Sinneseindrücke, zumindest unter bestimmten Umständen.

Sie sind sich beim Lesen wahrscheinlich zumindest einiger Laute in Ihrer näheren Umgebung bewußt. Einige geringfügige Geräusche entstehen, wenn Sie die Buchseiten umblättern, wenn Sie von Zeit zu Zeit Ihr Buch zurechtrücken, es hochheben und wieder auf die Oberfläche Ihres Tisches oder Schreibtisches legen. Aber die meisten Geräusche, deren Sie sich bewußt sind, kommen wahrscheinlich von einer anderen Quelle – einer Quelle im Zimmer oder einer Quelle außerhalb des Zimmers, die stark genug ist, um ihre Geräusche bis in Ihr Zimmer dringen zu lassen. Diese Geräusche könnten aus einem anderen Teil des Gebäudes kommen, oder sie könnten von draußen her kommen – zum Beispiel Straßenlärm.

Auch in diesem Fall könnte Ihr Buch Sie mit Bildern von Geräuschen versorgen, die Ihr Bewußtsein in höherem Maße beanspruchen als die eben erwähnten Geräusche. Stellen Sie sich zum Beispiel vor, Sie läsen über unterschiedliche Glockenarten: über kleine Glocken, die bimmeln, oder über große Glocken, die in der Ferne läuten. Sie würden vielleicht aufgefordert, einen Augenblick lang beim Lesen innezuhalten und den Geräuschen dieser läutenden Glocken nachzulauschen.

Vielleicht lesen Sie über die Klangfülle einer Oper oder über eine Sinfonie oder über die Stimme eines Country-Sängers. Sie könnten über das Heulen von Sirenen lesen, über das Rollen des Donners, über das Knattern eines Motorrads oder den Lärm einer Motorsäge, die sich durch einen Baumstamm frißt. Sie könnten über einen heftigen Regen lesen, der auf ein Wellblechdach prasselt, oder über das Rascheln von Laub im Wind.

Diese Geräusche werden, während Sie darüber lesen, wahrscheinlich auditive Bilder hervorrufen, die mit Ihrem Bewußtsein aller Geräusche in Ihrer Nähe wetteifern, und sie werden auch mit allen visuellen, taktilen

oder anderen Sinneswahrnehmungen wetteifern, die Sie hatten.
Nun kann es gut sein, daß Sie sich nicht zwischen sensorischen Reizen und sensorischen Bildern entscheiden müssen. Es besteht kein Grund, weshalb Sie nicht einen Strand entlanggehen und sich deutlich der Sonne auf Ihrem Körper, des Sandes unter Ihren Füßen und des Wassers um Ihre Knöchel bewußt sein sollten; weshalb Sie sich nicht klar dessen bewußt sein sollten, daß Sie Ihre Füße hochheben, Ihre Knie beugen und Ihre Arme schwingen lassen, während Sie den Geräuschen lauschen, die das Wasser macht, und einer Musikantengruppe, die über eine Straße in Strandnähe marschiert.
Sie können sich gewiß dessen bewußt sein, wie Sie auf Ihrem Stuhl sitzen und daß Sie Ihr Buch halten und daß Sie sich die Seiten Ihres Buchs anschauen und daß Sie in Ihrem Raum von Geräuschen umgeben sind.
Sie wissen sehr gut, wie es sich anfühlen würde, Ihre Hand in einen Eimer mit warmem Wasser zu tauchen und das Wasser in Ihrer Hand umzurühren, während Sie die Bewegungen Ihres Armes wahrnehmen und während Sie zugleich der Musik aus Ihrem Radio lauschen und den Geräuschen Ihres Fernsehers im Zimmer nebenan. Zur selben Zeit können Gerüche aus der Küche Sie erreichen, und Sie können ein Stück Fleisch oder einen Cracker kauen. Sie können kauen und riechen und hören und umrühren und die Wärme spüren, alles zugleich und mehr oder weniger gleich stark.
Sie können aufstehen und im Zimmer umhergehen, und Sie können spüren, wie Ihre Füße den Boden berühren, und Sie können spüren, wie Ihre Beine sich bewegen,

und Sie können sich im Raum umschauen, und Sie können auf die Geräusche um Sie herum lauschen; so daß Sie zur selben Zeit und ohne Schwierigkeiten die Bewegungen Ihres Körpers fühlen, die Geräusche im Raum hören und sehen können, was sich im Raum befindet, und falls es etwas zu riechen gibt, können Sie sich auch dessen bewußt sein. Falls Sie essen, können Sie auch schmecken, was Sie essen, und Sie können all diese Dinge zugleich und ohne Schwierigkeiten tun. Sie könnten sogar feststellen, daß Sie mehr sehen, als Sie vor einer Weile beim Umhergehen im Zimmer sahen. Zugleich könnten Sie auch mehr hören und sich mehr Ihrer Bewegungen bewußt sein und sich mehr des Kontaktes Ihrer Füße mit dem Boden bewußt sein. Achten Sie besonders darauf, ob die Gegenstände im Raum jetzt deutlicher voneinander gesondert und mit größerer Klarheit als bei früherem Hinsehen hervortreten. Wahrscheinlich neigten Ihre Wahrnehmungen vor einer Weile dazu, alles mehr oder weniger zusammenzuwerfen. Erinnert Sie die Art und Weise, wie Sie jetzt jeden Gegenstand in seiner Gesondertheit sehen, an das, was Sie als Kind erfahren haben, als alles noch verhältnismäßig neu für Sie war und Sie sich deshalb weitaus mehr der vielen verschiedenen Teile bewußt waren, die zusammengenommen in jedem gegebenen Augenblick die Gesamtheit Ihrer Welt ausmachten?

Stehen Sie jetzt bitte auf, gehen Sie umher, und achten Sie darauf, was Sie beobachten. Welcher Ihrer Sinne schien Ihnen schärfer zu sein? Hatten Sie das Gefühl, sich aller Sinnesreize bewußter zu sein, denen Sie ausgesetzt waren? Haben Sie festgestellt, daß Sie

Ihre Bewegungen deutlicher wahrnahmen und daß Sie sich vielleicht mehr in einer Art bewegten, die Sie eher einem Angehörigen eines Naturvolkes oder einem Tier zutrauen würden – geschmeidiger und sich zugleich mehr Ihres Körpers und seiner Umgebung bewußt? Gehen Sie noch einmal umher, und achten Sie sorgfältig darauf, in welcher Weise Ihre Erfahrungen beim Umhergehen im Zimmer sich von jenen unterscheiden, die Sie machten, als Sie gebeten wurden umherzugehen, bevor Sie lasen, wie Sie integriertere und harmonischere Sinnesfunktionen erlangen können.

13 Neurosprache und die psychophysische Methode

An diesem Punkt ihrer Entwicklung stellt Neurosprache noch eine Herausforderung dar. Das Potential dieser Methode ruft nach einer eingehenden, weiteren Erforschung. Unter anderem habe ich die Möglichkeit erwähnt, den Organismus zu einem derart guten und geschickten Reagieren zu erziehen, daß an das Zentralnervensystem gerichtete Wörter Veränderungen in vielen Körperteilen und in den unwillkürlichen Funktionen herbeiführen können. In diesem frühen Versuchsstadium hoffe ich, daß die Anwendungsbreite und Wirksamkeit von Neurosprache sich erheblich weiter als alles ausdehnen werden, was sich gegenwärtig durch Biofeedback oder durch Hypnosetechniken erreichen läßt.

Der Name Neurosprache besagt, daß es sich um eine Methode handelt, das Nervensystem mittels des gesprochenen (oder geschriebenen) Wortes anzusprechen. Wenn in der Benutzung des geschriebenen Wortes ein Vorteil liegt, dann besteht dieser Vorteil allein in der Tatsache, daß das Material, wie ich es vorgelegt habe, mit höherer Wahrscheinlichkeit eine große Anzahl von Menschen erreicht, wenn es auf den Seiten eines Buchs dargeboten wird. Außerdem liegt auf Grund der Unüblichkeit eine gewisse Dramatik in der Verwendung des geschriebenen Wortes, wenn man damit vorhersagbare und

manchmal recht komplexe Veränderungen im menschlichen Körper hervorrufen will. Und natürlich ist bei einem Buch weder ein Tonbandgerät noch ein Videorecorder, noch eine andere Ausstattung erforderlich.
Aber abgesehen von diesen Vorteilen ist das gesprochene Wort als Mittel, die Neurosprache-Wirkungen zu erzeugen, dem geschriebenen Wort entschieden vorzuziehen. Allein schon der Akt des Lesens stört in gewissem Umfang die Passivität des Bewußtseins, bei der Neurosprache ihre Wirkungen optimal entfalten kann. Der Leser hat im Laufe vieler Jahre ganze Muster muskulärer Aktivitäten entwickelt, die sich in Form unbewußter Gewohnheiten etabliert haben. Ein sorgfältiger Beobachter könnte bei fast jedem Leser typische Bewegungen der Muskeln und des Skeletts, eine typische Art der Atmung sowie der Bewegung von Kopf und Augen beobachten. Solche Verhaltensweisen mögen ganz oder größtenteils unbewußt sein, aber sie schließen sicherlich Anstrengungen ein, die die Aufmerksamkeit, die beim Lesen entwickelt werden kann, auf irgendeine Weise beeinträchtigen.
Es besteht beinahe niemals eine vergleichbare und festverwurzelte, gewohnte Art des Zuhörens bei solch neuem Material, wie es in Neurosprache-Übungen enthalten ist. Deshalb ist es für jemanden, der sie hört, leichter, sich der Erfahrung hinzugeben und insbesondere die Anweisung zu befolgen, die Botschaft einfach durch den Verstand hindurch in den Körper »fließen« zu lassen. Außerdem, und dies ist sehr wichtig, kann das Timing der Präsentation von der Person kontrolliert werden, die zu den Übungen anleitet – vorausgesetzt, diese Person verfügt über eine entschieden größere Erfahrung darin, wie

das Timing aussehen sollte, und darin, wie bestimmte Wörter und Sätze im Text betont werden müssen, und darüber hinaus darin, wie das Material präsentiert werden muß, um die Aufmerksamkeit und die Bewußtseinsqualität des Zuhörers wachzuhalten.

Trotz der Nachteile im Vergleich zum gesprochenen Wort schien es sehr lohnend, das geschriebene Wort dazu zu benutzen, solche vorhersagbaren und komplexen organisatorischen Veränderungen im Körper herbeizuführen, wie sie in Reaktion auf die Übungen, die Sie gerade gelesen und durchgeführt haben, stattfinden können. Wir haben im wissenschaftlichen Sinn einige Tatsachen im Zusammenhang mit der Beziehung zwischen Geist und Körper aufgezeigt, die niemals zuvor auf diese Weise dargestellt wurden. Wenn eine solche Darstellung gemacht werden kann, dann muß sie auch gemacht werden. Ich habe die Vermutung geäußert, daß die Zukunft der geschriebenen – im Gegensatz zur gesprochenen – Neurosprache mehr im Bereich der Literatur als auf den Gebieten der Medizin und der Psychologie liegen könnte. Aber wie dem auch sei, wer bis hierher gelesen hat, sollte keine weiteren Beweise für die Einzigartigkeit der Erfahrung verlangen.

Da die Wirkung der geschriebenen Neurosprache bei weitem von der Wirkung der gesprochenen Neurosprache übertroffen werden wird, werden die Wirkungen einer identischen oder ähnlichen Übung noch größer sein, wenn man sich die Bewegungen auch bewußt vorstellt; das heißt, daß die Vorstellung Bilder der entsprechenden kinästhetischen und Tast-Empfindungen einschließt. Darüber hinaus werden die Übungen noch besser wirken – und noch größere Veränderungen mit sich bringen –, wenn sie mit tatsächlichen, objektiven Bewegungen statt nur mit subjektiven, in der Phantasie vorgestellten Bewegungen verbunden sind. In einigen Fällen werden sich die allergrößten Wirkungen mit einer Kombination aus objektiven Bewegungen und subjektiven Vorstellungen in Verbindung mit entsprechend veränderten Bewußtseinszuständen erreichen lassen. Tatsächlich besteht kein Zweifel daran, daß man das Potential eines Übungssystems zur Veränderung von Menschen erst dann erkennen kann, wenn dieses System auch die Organisation solcher Bewußtseinszustände einschließt, die zur Erlangung des jeweils angestrebten Ziels am günstigsten sind.

Neurosprache endet dort, wo von einer Person nicht nur verlangt wird, daß sie auf die Sprache achtet, sondern darüber hinaus entschieden aktiver an diesem Prozeß teilnimmt – mittels Bilderverwendung, Bewegungen, Bewußtseinszuständen und aller möglichen Kombinationen davon. Um den Unterschied zwischen Neurosprache und psychophysischer Arbeit zu verdeutlichen, ist der Leser aufgefordert, die folgende Übung auszuführen.

Sie werden sich erinnern, daß Sie früher in diesem Buch eine Neurosprache-Übung mit dem Titel »Bewegungen der Schulter und des oberen Rückens« ausgeführt haben. Versuchen Sie bitte, sich daran zu erinnern, wie Sie auf diese Übung angesprochen haben. In welchem Grad hat sich die Beweglichkeit Ihrer rechten Schulter verglichen mit den Bewegungen Ihrer linken Schulter verbessert?

Wie war Ihr Körper nach dieser Übung organisiert? Haben Sie bemerkt, daß Ihr Becken auf Ihrer rechten Seite tiefer lag, so daß Ihr Körper dazu tendierte, sich nach rechts zu neigen? Schauten Ihre Augen nach rechts, war Ihr Kopf nach rechts geneigt, tendierte vielleicht Ihr ganzer Körper nach rechts? Haben Sie festgestellt, daß Ihr Nervensystem eine deutliche Neigung zu Ihrer rechten Seite aufwies, so daß Sie das Gefühl hatten, als nähmen Sie Dinge mit Ihrem rechten Auge besser als mit Ihrem linken Auge wahr? Nahmen Sie Ihre rechte Schulter deutlicher als Ihre linke Schulter wahr? Die rechte Seite Ihres Gesichts besser als die linke Seite Ihres Gesichts, Ihren rechten Fuß besser als Ihren linken Fuß – konnten Sie die ganze rechte Seite Ihres Körpers besser als die linke Seite Ihres Körpers wahrnehmen?

Versuchen Sie, sich zu erinnern, was geschah, nachdem Sie aufgestanden waren und im Raum umhergingen. Ließen sich Ihr rechter Arm und Ihre rechte Schulter besser bewegen, und hatte Ihr rechter Fuß einen besseren Bodenkontakt als Ihr linker Fuß? Und erinnern Sie sich daran, wie es war, als Sie große Kreise beschrieben, zuerst mit Ihrem rechten Arm und dann mit Ihrem linken Arm, und als Sie im Wechsel Ihre Hände und Arme zur Decke emporhoben und dann zu Boden senkten? Versuchen Sie, sich an jede weitere Ihrer Reaktionen zu erinnern.

Nun werde ich Ihnen identische und sehr ähnliche Bewegungen beschreiben, aber diesmal sollten Sie die Bewegungen, über die Sie lesen, auch körperlich ausführen.

Stehen Sie bitte am Ende dieses Abschnitts auf, gehen Sie umher, und achten Sie auf die Bewegungen in Ihren Schultern beim Gehen. Vergleichen Sie die Bewegungen beim Gehen. Dann blei-

ben Sie stehen, und achten Sie darauf, wie Sie Ihre Schultern wahrnehmen – ob Sie sie mit gleicher Intensität wahrnehmen oder ob Sie eine von ihnen erheblich deutlicher spüren. Danach vollführen Sie ein paar große Kreise mit Ihren Armen – nehmen Sie die Arme zurück, dann heben Sie sie über den Kopf, halten Sie sie nach vorn, und lassen Sie sie sinken. Vergleichen Sie die Weite und die Leichtigkeit der Bewegungen in Ihren beiden Armen und Schultern miteinander. Führen Sie die Kreise mit beiden Armen zugleich aus und dann im Wechsel. Schließlich kehren Sie auf Ihren Stuhl zurück, und vergleichen Sie Ihr Bewußtsein für Ihre rechte und Ihre linke Schulter, Ihren rechten und Ihren linken Fuß, die rechte und die linke Seite Ihres Beckens, die rechte und die linke Seite Ihres Gesichts und Ihre rechte und Ihre linke Körperseite insgesamt. Bitte, stehen Sie auf, und machen Sie diese Beobachtungen jetzt.

Nachdem Sie auf Ihren Stuhl zurückgekehrt sind, setzen Sie sich so hin, wie Sie es bei den Neurosprache-Übungen gemacht haben. Stellen Sie die Füße flach und parallel zueinander auf den Boden, 25 bis 30 Zentimeter voneinander entfernt. Achten Sie darauf, Ihren Körper so symmetrisch wie möglich zu halten, und bemühen Sie sich, beim Weiterlesen diese symmetrische Haltung beizubehalten.

Als Sie diese Bewegungen und Beobachtungen als Neurosprache-Übung ausführten, arbeiteten Sie mit Ihrer rechten Schulter. Diesmal werden Sie mit Ihrer linken Schulter arbeiten. Als erstes stellen Sie einfach fest, wie deutlich Sie Ihre linke Schulter spüren können – den oberen Teil, die Vorderseite und die Rückseite. Dann nehmen Sie sich einen Augenblick Zeit, um diese Empfindungen mit Ihrem Gefühl für Ihre rechte Schulter zu vergleichen – und behalten Sie das Ergebnis des Vergleichs im Gedächtnis, damit Sie später nochmals vergleichen können.

Nun behalten Sie die aufrechte Haltung Ihres Oberkörpers bei, beugen Ihre linke Schulter vor, und nehmen Sie sie wieder zurück. Denken Sie daran, dies ist nicht länger Neurosprache, und Sie führen die Bewegungen körperlich aus. Beugen Sie Ihre linke Schulter wieder vor, nehmen Sie sie zurück, und tun Sie dies mehrmals, bevor Sie weiterlesen. Sie sollten bei diesen Bewegungen sehr deutliche Empfindungen haben.

Nun strecken Sie Ihren linken Arm vor sich aus. Strecken Sie ihn so weit aus, wie Sie können, ohne Ihren Oberkörper vorzubeugen. Sie sollten bemerken, daß Sie weiter reichen können, als noch vor einem Augenblick. Es handelt sich aber immer noch um ein Drücken und Ziehen aus Ihrem linken Schultergelenk heraus. Wiederholen Sie diese Bewegung mindestens zehnmal, und beobachten Sie Ihre Empfindungen genau. Dann strecken Sie Ihren linken Arm so weit wie möglich hinter sich aus, bringen Sie ihn in die Ausgangsstellung zurück, und wiederholen Sie diese Übung mindestens zehnmal.

Nun lassen Sie Ihren linken Unterarm auf der Stuhllehne (oder auf dem linken Schenkel) ausruhen, und heben Sie Ihr linkes Schultergelenk an, so daß Ihre linke Schulter näher an Ihrem linken Ohr und zugleich der Decke näher ist. Wenn Sie Ihre linke Schulter wieder sinken lassen, lassen Sie sie so tief wie möglich sinken. Versuchen Sie, sich so hinzusetzen, daß Ihr linker Arm an Ihrer Körperseite hinunterhängen kann, und dann heben Sie Ihre linke Schulter so hoch, wie Sie können, lassen sie so tief sinken wie möglich, und wiederholen Sie diese Bewegungen mehrmals. Wenn Sie fertig sind, lassen Sie die Hand auf der Stuhllehne oder auf Ihrem Schenkel ruhen und beobachten Sie, ob Ihre linke Schulter jetzt ein wenig tiefer hängt als Ihre rechte Schulter. Vergleichen Sie auch die Deutlichkeit, mit der Sie Ihre linke und Ihre rechte Schulter wahrnehmen.

Nun lassen Sie Ihre linke Hand auf Ihrem Oberschenkel ruhen, und beschreiben Sie kreisförmige Bewegungen mit Ihrer linken Schulter. Sie können Ihre linke Schulter heben, dann nach vorn bewegen, dann nach unten und wieder zurück. Kreisen Sie für eine Weile auf diese Art mit Ihrer linken Schulter.

Beschreiben Sie ein paar kleine Kreise mit Ihrer linken Schulter, und wenn Sie mehrere dieser Bewegungen ausgeführt haben, beschreiben Sie größere Kreise mit Ihrer linken Schulter. Vollführen Sie eine Anzahl langsamerer Kreise mit Ihrer linken Schulter, dann machen Sie schnellere Kreise. Versuchen Sie, kleinere, langsamere Kreise mit Ihrer linken Schulter auszuführen, und dann, nach einer Weile, machen Sie große, rasche Kreise mit Ihrer linken Schulter. Führen Sie Kreise von unterschiedlicher Größe und mit unterschiedlichen Bewegungsgeschwindigkeiten aus.

Sie sollten auch die Richtung der Kreisbewegungen Ihrer linken Schulter umkehren. Sie können für eine Zeitlang rückwärts kreisen, und dann können Sie eine Weile vorwärts kreisen und dabei so vollständig wie möglich wahrnehmen, was Sie mit Ihrer linken Schulter tun und wie diese Bewegungen sich anfühlen.

Legen Sie nun die Innenfläche Ihrer linken Hand auf den Oberschenkel Ihres linken Beines, knapp oberhalb des Knies. Nun drücken und ziehen Sie aus Ihrer linken Schulter heraus, fahren Sie mit Ihrer linken Hand Ihr Bein hinab und wieder nach oben. Beugen Sie nicht den Ellbogen, bewegen Sie nur Ihre linke Schulter.

Nun lassen Sie Ihre linke Hand auf Ihrer linken Schulter ruhen, mit dem Oberarm etwa in Schulterhöhe, und führen Sie dann von der Schulter ausgehend Kreise mit ihrem linken Arm aus. Beschreiben Sie aus dieser Ausgangsstellung heraus unterschiedliche Kreisbewegungen – im Uhrzeigersinn und entgegen dem

Uhrzeigersinn, langsam und schnell, groß und klein sowie alle möglichen Kombinationen, wobei Ihre linke Schulter kreist und Ihre linke Hand auf Ihrer Schulter ruht.

Bringen Sie – immer noch mit Ihrer linken Hand auf Ihrer linken Schulter – Ihren Ellbogen vor Ihren Körper, so daß Ihre linke Schulter nach innen rotiert. Dann legen Sie Ihre linke Hand in Ihre linke Achselhöhle, und bringen Sie Ihren Ellbogen nach vorn. Sie werden bemerken, daß Sie jetzt andersartige Schulterbewegungen ausführen; daß sich Ihre Schulter jetzt der Mitte Ihres Körper zu bewegt. Beobachten Sie die gleiche Bewegung, wenn Sie Ihre Hand weiter die linke Seite Ihres Körpers hinabführen. Lassen Sie Ihre Hand immer tiefer gleiten, bis die Schulterbewegungen recht begrenzt werden.

Etwas Ähnliches wird geschehen, wenn Sie ihre linke Hand auf Ihre linke Schulter legen und Ihren Arm hinter Ihren Körper bringen. Dann können Sie Ihre Hand Ihren Körper hinabgleiten lassen, bis Sie auch hier an einen Punkt des verringerten Bewegungsspielraums gelangen und fast keine Rückwärtsbewegung Ihrer Schulter oder der oberen linken Seite Ihres Rückens mehr möglich ist.

Strecken Sie nun Ihren linken Arm aus, bis Ihre linke Hand auf dem Tisch vor Ihnen ruht, und machen Sie eine lockere Faust. Dann rollen Sie die Faust wie ein Rad nach innen, und achten Sie auf die rollende Bewegung in Ihrer linken Schulter. Wenn Sie dies ausgeführt haben, rollen Sie die Faust nach außen. vom Körper fort, und spüren Sie, wie Ihre linke Schulter nach außen rollt. Dann rollen Sie Ihre Faust von links nach rechts und wieder zurück, so daß Ihre linke Schulter nach innen und außen rollt, und stellen Sie fest, daß die Empfindungen in Ihrer linken Schulter sich sehr von den zuvor erfahrenen unterscheiden.

Legen Sie Ihre linke Hand auf die Armlehne des Stuhles oder auf

Ihren Oberschenkel, und kreisen Sie mit Ihrer Schulter nach vorn, nach unten, nach hinten und nach oben – beschreiben Sie sehr große, schnelle Kreise. Nachdem Sie diese Bewegungen mehrmals ausgeführt haben, drehen Sie ihre Richtung um. Vergleichen Sie diese Kreise, die Bewegungen Ihrer Schultern und Ihre Empfindungen dabei mit demjenigen, was Sie zuvor erfahren haben.

Halten Sie nun bitte inne. Sitzen Sie einfach nur dort, und achten Sie darauf, ob Ihre linke Schulter tiefer als Ihre rechte Schulter hängt. Achten Sie auch darauf, ob Ihr Becken auf Ihrer linken Seite tiefer gesunken ist, so daß Ihr ganzer Körper nach links tendiert.

Achten Sie darauf, in welche Richtung Ihre Augen schauen und ob vielleicht Ihr Kopf nach links geneigt ist, so daß Ihre Wirbelsäule sich nach rechts biegt und Ihr Brustkorb sich auf Ihrer linken Seite der Körperinnenseite annähert, während Ihre rechte Körperseite sich verlängert hat.

Nehmen Sie Ihren Körper als Ganzes wahr, und vergleichen Sie Ihre linke Seite mit Ihrer rechten Seite. Sie werden den Wunsch verspüren, diese Wahrnehmungen und Vergleiche sowohl mit geschlossenen als auch mit offenen Augen anzustellen. Beobachten Sie, ob Ihre linke Seite sich lebendiger anfühlt, und vergleichen Sie besonders die Empfindungen in Ihrer linken Schulter mit den Empfindungen in Ihrer rechten Schulter. Versuchen Sie, in Ihr linkes Schultergelenk hineinzufühlen, und vergleichen Sie dieses Empfinden mit Ihrem Bewußtsein für Ihre rechte Schulter.

Vergleichen Sie auch Ihr Empfinden für Ihr linkes Auge mit dem für Ihr rechtes Auge, die linke Seite Ihres Gesichts mit der rechten Seite, die linke Seite Ihrer Lippen mit der rechten Seite. Kreisen Sie so rasch, wie Sie können, mit Ihren beiden Schultern, und achten Sie auf die Bewegungen nicht nur in Ihren Schultern, sondern auch in Ihrem linken oberen Rücken im Vergleich zu Ihrem rechten oberen Rücken.

Nachdem Sie diesen Abschnitt gelesen haben, stehen Sie bitte auf, gehen Sie umher und vergleichen Sie Ihre linke Seite mit Ihrer rechten Seite – als erstes, wie Ihre Schultern und Arme sich bewegen, dann alles, was Sie sonst noch wahrnehmen, zum Beispiel den Kontakt Ihres linken Fußes mit dem Boden im Vergleich zu dem entsprechenden Kontakt Ihres rechten Fußes. Dann halten Sie inne, und vollführen Sie ein paar große Kreise mit Ihrem linken und Ihrem rechten Arm über dem Kopf. Beschreiben Sie gleichzeitige Kreise und dann abwechselnde Kreise. Führen Sie einige Kreise aus, bei denen Sie zuerst Ihre Arme zurücknehmen, und dann einige Kreise, bei denen Sie zuerst Ihre Arme nach vorn bewegen. Dann stehen Sie bitte still, und vergleichen Sie Ihre beiden Schultern und Arme miteinander. Danach kehren Sie auf Ihren Stuhl zurück, und stellen Sie weitere Beobachtungen an.

Schließlich vergleichen Sie die Unterschiede zwischen den Wirkungen solcher psychophysischer Methoden mit der Wirkung von Neurosprache. Beide Ansätze führen zu Veränderungen, aber es gibt Unterschiede. Die psychophysische Methode ist besser zur Anwendung bei den Körperteilen und -funktionen geeignet, die der willkürlichen Kontrolle unterliegen. Dies gilt sogar dann, wenn Sie üben, während Sie auf einem Stuhl sitzen und ein Buch lesen. Neurosprache besitzt vielleicht ein viel größeres Potential, jene Körperteile und -funktionen zu erreichen, die als unwillkürlich gelten. Neurosprache kann von großem Wert sein, wenn eine Unfähigkeit besteht, Funktionen auszuführen, die normalerweise willkürlich wären.

Nachwort

Neurosprache stellt eine von mehreren Hauptkomponenten eines größeren Systems zur neuralen und sensorischen Umerziehung mit dem Namen Psychophysische Methode oder Masters-Technik dar. Die Methode wurde als Programm von der *Foundation for Mind Research* in den fast 30 Jahren entwickelt, in denen ich als Forschungsdirektor dieser Stiftung tätig war. Die Methode ist Teil einer noch größeren Untersuchung mit dem Ziel, latente oder kaum erschlossene menschliche Potentiale zu definieren und einen produktiven Zugang zu ihnen zu finden. Die Psychophysische Methode besteht vor allem aus folgenden Komponenten:

1) Bewegungsarbeit: Dazu gehören mehrere hundert Übungen, die eine große Vielfalt von Bewegungen sowie kinästhetischen und taktilen Empfindungen umfassen. Es gibt auch Hunderte von Kombinationen aus Bewegungen, Empfindungen und Bildern – sowohl objektiver als auch subjektiver Art –, die verwendet werden, um das Gehirn derart umzuprogrammieren, daß es das Skelettmuskelsystem reorganisiert und die Fähigkeit des Körpers verbessert und erweitert, sich zu bewegen und klar zu empfinden.

2) Bildarbeit: Diese Komponente betont die Verwendung visueller, taktiler, kinästhetischer und anderer sensorischer Bilder sowie einen »Bildkörper«, um Veränderun-

gen in der Bewegungsfreiheit, in der Sinneswahrnehmung sowie in der mentalen und emotionalen Funktionsweise herbeizuführen. Mit anderen Worten, es werden Bilder benutzt, um unmittelbar den physischen Körper zu beeinflussen, oder die sensorischen Bilder werden im Sinne eines vollständig bildhaft wahrgenommenen Körpers erfahren, was möglicherweise auch zu Veränderungen im Physischen führt (Körper/Geist).

3) Neurosprache: die ausschließliche Verwendung des gesprochenen oder geschriebenen Wortes, um verschiedene psychophysische Veränderungen herbeizuführen. Neurosprache kann auch – ebenso wie die übrigen Komponenten – in Verbindung mit anderen Komponenten benutzt werden.

4) Veränderte Bewußtseinszustände: die Nutzung veränderter Zustände, um das Ergebnis der Bewegungsarbeit, der Bildarbeit und von Neurosprache zu verbessern. All diese Komponenten lassen sich dazu verwenden, die veränderten Zustände herbeizuführen und zu vertiefen, oder man kann die veränderten Zustände auf andere Weise erzeugen. Besondere Bewußtseinszustände werden genutzt, um die Anwendung der anderen Komponenten wirksamer zu machen.

Diese vier Elemente machen zusammengenommen die Grundlage der Masters-Technik oder der Psychophysischen Methode aus. Durch sie unterscheidet sich diese Methode von jedem anderen bestehenden System oder jeder anderen Methode. Sie bieten eine klare und deutliche Organisation, die sich leicht und wirksam sowohl zu Lehrzwecken als auch zur Erklärung der Methode und ihrer Funktionsweise verwenden läßt.

One-on-one-Körperarbeit: Die Methode eignet sich zur verbalen Unterrichtung von Gruppen fast jeder Größe, die in der Regel nur durch den verfügbaren Platz beschränkt wird. Sie umfaßt aber auch ein System der Körperarbeit, die eine Ausweitung, Intensivierung und Verstärkung der verbal geleiteten Arbeit darstellt. Sie eignet sich besonders gut sowohl bei körperlichen als auch bei mentalen Beschwerden, die eher nach einer psychophysischen Umerziehung als nach einer medizinischen Behandlung verlangen. Wie Tom Hanna in seinen späteren Jahren beobachtete, trifft dies bei etwa der Hälfte aller Probleme zu, mit denen üblicherweise Ärzte konfrontiert werden. Letzten Endes wird allgemein anerkannt werden, daß einige Fälle nach einer medizinischen Behandlung verlangen und andere von der zeitgenössischen Medizin nicht profitieren können und nach einem Ansatz im Stil der Psychophysischen Methode verlangen.

Den Personen, die praktisch mit einer spirituellen Methode arbeiten, bietet die Psychophysische Methode außerordentlich wirksame Übungen in Achtsamkeit und Konzentration und dazu einen Zugang zu subtileren Ebenen des Körpers und des Seins. Dies gilt insbesondere für den Ansatz, der Anhängern des Fifth Way gelehrt wird, wie er in meinem Buch *The Goddess Sekhmet* beschrieben wird.

Die Praxis von Neurosprache und der übrigen Komponenten der Psychophysischen Methode wird sehr erleichtert, wenn man mit den Übungen und Instruktionen der auf Tonband aufgezeichneten Kurse arbeitet. Anfragen richten Sie bitte an den Autor, P.O. Box 3300, Pomona,

New York 10970, USA. Workshops in der Methode werden immer wieder angeboten und wurden bereits in vielen Ländern Europas und Asiens ebenso wie in den Vereinigten Staaten durchgeführt. Zwei Trainingsprogramme wurden abgehalten, und zur Zeit gibt es etwa 75 beglaubigte Lehrer.